Bei Licht betrachtet

Sabine Pardigol
Katharina Sieckmann

Bei Licht betrachtet

Gespräche mit einer hellsichtigen Frau

Bibliografische Information der Deutschen Nationalbibliothek
Die Deutsche Nationalbibliothek verzeichnet diese Publikation in der
Deutschen Nationalbibliografie; detaillierte bibliografische Daten sind im
Internet über http://dnb.d-nb.de abrufbar.

© 2012 Sabine Pardigol, Katharina Sieckmann
Satz, Umschlaggestaltung, Herstellung und Verlag: BoD – Books on Demand
ISBN 978-3-8448-9370-0

Inhalt

I. Vorwort von Katharina Sieckmann

Ich erinnere mich noch an den Abend, als ich mit einer Freundin auf dem Sofa saß und sie mir von einer hellsichtigen Frau erzählte. Für mich war das absolutes Neuland. Es gab damals einen großen Knoten in meinem Leben. Ich hatte das Gefühl, dass irgendetwas nicht stimmt, dass ich immer wieder auf denselben emotionalen Trampelpfaden unterwegs war und an alte Grenzen stieß. Damit sollte Schluss sein. Aufbruch. Veränderung. Sehnsucht nach Leichtigkeit. Und nach Klarheit.

Ich war bereit. Bereit mich einzulassen, mich zu öffnen und mich diesen neuen Formen des spirituellen Bewusstseins hinzugeben. Also vereinbarte ich einen Termin. Mit klopfendem Herzen.

Als ich Sabine Pardigol zum ersten Mal sah, musste ich spontan lächeln und alle Unsicherheit war blanker Neugierde gewichen. Eine fröhliche, herzliche Frau, die mich in ihre Praxisräume führte und mir spirituelle Welten eröffnete. Spirituelle Welten, die irritieren und verstören. Spirituelle Welten, die aufhorchen lassen, nachdenklich stimmen, die berühren und beglücken. Spirituelle Welten, die so greifbar und bodenständig sind, dass es eine helle Freude ist. Unzählige Treffen folgten, bei denen wir feststellten, dass unsere Sympathie, meine Neugierde und ihre Spiritualität eine gute Mischung ergeben. „Komm, wir schreiben ein Buch …" Eine Wahrsagerin hatte Sabine vor vielen Jahren prophezeit, dass sie mit einer dunkelhaarigen Frau ein Buch schreiben würde. Da war ich. Ja genau, wir schreiben ein Buch über diese Reise zwischen Spiritualität und Realität, über das neue Denken und wie leicht und freudvoll das Leben sein kann, wenn man sich einlässt.

2. Vorwort von Sabine Pardigol

Das Leben fordert uns heraus, es beschenkt uns, es stellt uns auf die Probe und es gibt uns die Möglichkeit, an den Themen und Problemen des Alltags zu wachsen und uns weiterzuentwickeln. Dieses Buch ist eine Einladung, einmal tief durchzuatmen, die alltäglichen Ängste an das Universum abzugeben und die Dinge des Lebens aus einer anderen Perspektive zu betrachten, damit mehr Platz für Freude entstehen kann. Denn unser Bewusstsein formt unsere Realität: Wenn wir an unseren Gedanken arbeiten und unsere innere Haltung verändern, dann verändert sich auch unsere Lebensrealität.

Ich bin von Geburt an hellsichtig. Für mich bedeutet das 53 Jahre gelebte Spiritualität, denn ich habe die Fähigkeit, die Auren der Menschen zu sehen und zu deuten. Ich löse körperliche und emotionale Blockaden durch das Auflegen meiner Hände und ich kann mit Engeln und Lichtwesen kommunizieren. Ich arbeite seit 15 Jahren als Heilpraktikerin, um diese übersinnlichen Gaben, neben anderen Heilmethoden, zum Wohl der Menschen, die zu mir kommen, einzusetzen. Obwohl ich diese besonderen Fähigkeiten habe, ist die Arbeit mit meinen Patienten sehr bodenständig. Es ist mir ein großes Anliegen, mich an der individuellen Lebensrealität des einzelnen Menschen zu orientieren.

Die Gabe der Hellsichtigkeit ist oft ein Segen, aber auch genauso oft ein Fluch. Ich habe mich inzwischen damit arrangiert, denn durch meine besondere Wahrnehmung des Lebens und der Menschen weiß ich, dass es einen universellen Plan gibt, dem all unsere Belange untergeordnet sind. Ich weiß, dass wir von Engeln und Lichtwesen unterstützt werden und dass es viele Dinge zwischen Himmel und Erde gibt, die wir zwar nicht messen oder wissenschaftlich beweisen können, die aber dennoch so spürbar für viele Menschen sind, dass sie eine neue Realität bilden. Für mich hat sich im Laufe meines Lebens daraus eine neue Art zu denken ergeben, eine andere Art, die Probleme und Herausforderungen des Lebens zu betrachten und sie als Hinweis des Universums zu deuten. Um diese andere Art zu denken soll es in diesem Buch gehen. Schluss mit dem alltäglichen Frust und dem Gefühl, ein Opfer der äußeren Umstände zu sein. Denn ich weiß auch, dass jeder und jede diese Fähigkeit zur übersinnlichen Wahrnehmung in sich trägt. Es kommt nur darauf an, dass wir unsere Sinne schulen, unsere innere Stimme wahrnehmen und ihr mehr Raum bei unseren alltäglichen Entscheidungen geben.

Mit diesem Buch möchten wir Menschen motivieren, mehr Vertrauen in ihre eigene Intuition zu entwickeln. Wir möchten den Menschen Mut machen, anders zu sein. Anders zu denken, anders zu fühlen, anders zu handeln, anders zu streiten und anders zu lieben. Wir möchten sie ermutigen, die Freude wieder an die erste Stelle ihrer Prioritätenliste zu stellen, damit eine neue Mitmenschlichkeit, ein neues Gefühl von Verbundenheit entstehen kann zwischen Männern und Frauen, zwischen Eltern und Kindern, zwischen Chefs und Angestellten.

Wir haben eine Vision von einer Gesellschaft, in der Toleranz und Verständnis nicht nur Lippenbekenntnisse sind, sondern in der durch echtes Interesse an anderen Lebensformen und Kulturen ein harmonisches und inspirierendes Miteinander möglich werden kann. Wenn wir uns erlauben zu fragen, ,,Was will ich?'' und ,,Wie will ich es?'', dann ist der Grundstein gelegt für eine Veränderung in die richtige Richtung. An den eigenen Bedürfnissen orientiert, aber immer mit der Maxime, niemandem durch das eigene Handeln zu schaden.

Die innere Stimme jedes einzelnen kennt den Weg, und wenn es einen Wunsch nach Veränderung gibt, dann weiß dieser innere Kompass sehr genau, welcher Schritt als nächstes gegangen werden muss. Wir müssen uns nur trauen, unser Leben selbst in die Hand zu nehmen!

***

Mein Dank gilt an dieser Stelle besonders denen, die keinen gemeinsamen Weg mehr mit mir gehen, denen, die mir ihr Unverständnis offen zeigten, mich in aller Schärfe kritisierten und mir Steine in meinen Weg stellten und stellen. Ihr seid es auch, die mich täglich daran erinnern, meinen Weg, mich selbst und meine Werte zu überprüfen, um für meine Ziele und Ideale einstehen zu können. Ich danke aber auch allen mir lieben und nahen Menschen, die mich so annehmen, wie ich bin. Ihr seid es, die mich IMMER mit Liebe umhüllen und tragen, mich in Liebe kritisieren, auch wenn ich (wie so oft!) Dinge gemacht habe, die manche nicht nachvollziehen oder verstehen können. Ihr habt mich auf meinem Weg weiter nach vorn gebracht. Danke, dass ich durch euch gestärkt erleben darf, wie ich das Leben auf meine Art wahrnehme und erspüre.

3. Vermittlerin zwischen den Welten
Hellsichtig sein – Was bedeutet das?

Katharina: Viele Menschen haben seltsame Vorstellungen vom hellsichtig sein. Ihnen sind Menschen, die diese Begabung haben, oft unheimlich. Was heißt es denn eigentlich genau?

Sabine: Ich habe schon immer Engel und Lichtwesen wahrgenommen, ich kenne es nicht anders, als die Aura der Menschen in ihren schillernden oder matten Farben zu sehen und ich habe schon als junges Mädchen meiner Mutter die Hände an den richtigen Stellen aufgelegt, wenn sie Schmerzen hatte. Ich spürte, dass da gute, heilende Energien fließen, mit denen ich Gutes bewirken kann.

Katharina: Gibt es eine Art Schlüsselerlebnis, als dir klar wurde, dass du „irgendwie anders" bist?

Sabine: Ich saß mit meiner Mutter in der Straßenbahn, wo wir zufällig einen Bekannten aus der Nachbarschaft trafen. „Mama, warum hat denn der Mann einen schwarzen Fleck im Bauch", fragte ich und meine Mutter war irritiert und konnte damit nichts anfangen. Sie erfuhr kurze Zeit später, dass dieser Mann an einem Magendurchbruch gestorben war und lief verstört nach Hause. Meine Großmutter, die Mutter meines Vaters, war ebenfalls hellsichtig und versuchte, ihr schonend von meinen übersinnlichen Fähigkeiten zu erzählen. Meistens ist es für Eltern so, dass anders begabte Kinder eine große Herausforderung darstellen, wenn nicht gar eine Bedrohung. Später wurde mir klar, wie schwierig die Situation für meine Mutter sein musste. Ihr erging es ähnlich wie heute vielen anderen Eltern auch, die die besonderen Begabungen ihrer Kinder nicht wahrhaben wollen. Sie versuchte, sich mit meiner Hellsichtigkeit zu arrangieren, ließ sich aber immer ein Hintertürchen offen, in dem sie sagte, dass es vielleicht doch ein Zufall gewesen sei, dass ich die Krankheit des Mannes gesehen habe. Einige Jahre konnte sie sich so immer wieder retten, doch dann war schnell klar, dass das Leben mit mir anders war, als mit einem 'normalen' Kind.

Meine Wahrnehmung geht schon immer weit über das hinaus, was unsere dingliche Realität ist. Immer wieder bekomme ich konkrete Eingebungen und nehme bestimmte Schwingungen wahr. Und ich kann Dinge vorhersehen. „Mama, lass uns heute nicht in diese Waschstraße fahren", bat ich meine Mutter einmal, doch sie hörte nicht darauf, woraufhin es zu einem Unfall kam, weil sich eine der riesigen Bürsten aus der Verankerung löste und die Windschutzscheibe zerschmetterte. Überall waren Glassplitter, meine Mutter, ihre Freundin und ich hatten, wie durch ein Wunder, nur ein paar kleine Schnittwunden.

Katharina: Das hört sich nicht unbedingt nach einer unbeschwerten Kindheit an …

Sabine: Ich hatte das Glück, dass meine Großmutter auch hellsichtig war und mich immer darin unterstützte, meiner Intuition, meinem Gespür und meinen Eingebungen zu vertrauen. Für die Menschen in meiner Umgebung war das irritierend, denn egal, ob im Kindergarten, in der Schule, im Umgang mit Erzieherinnen, Lehrern, anderen Erwachsenen oder Kindern: Mein Problem war immer meine Ehrlichkeit. Ich sage das, was ich sehe und ich sage das, was ich spüre. Ich folge vollständig meinen Eingebungen und mache deutlich, wie ich mein Gegenüber erlebe. Egal, ob das die anderen Kinder waren, die beim Gummitwist schummeln oder die Lehrer, in deren Aura ich lesen konnte, dass sie viel lieber einen anderen Beruf ausüben würden. Meine Ehrlichkeit wurde in den meisten Fällen als Affront aufgefasst, was dazu führte, dass meine Kindheit und Jugend in den Institutionen recht turbulent verlief. In der Schule bin ich tatsächlich extrem an meine Grenzen gekommen. Frustrierte Lehrer, petzende Mitschüler und eine permanente Ungerechtigkeit, Kinder die unterdrückt und bestraft wurden: Das war nicht der Ort an dem ich sein wollte. Ich war immer ein sehr neugieriges, wissbegieriges Kind, habe gern gelernt und Hausaufgaben gemacht, aber dass ich in der Schule oft Dinge tun sollte, die für mich keinen Sinn ergaben, nur weil sie dem Machtbedürfnis der Lehrer entsprachen, das konnte ich nur schlecht ertragen. Deswegen bin ich auch immer und immer wieder aus der Schule weggelaufen. Meine Mutter und meine Großmutter haben mich dann an die Hand genommen und mich zur Schule zurückgebracht, weil sie mir klar machen mussten, dass ich hier irgendwie klarkommen muss. Ich habe mich aber dennoch nie verbiegen lassen und hatte häufiger, wenn ich in einzelnen Situationen Unbehagen verspürte, den Mut, das zum Ausdruck zu bringen und mich ihm zu stellen.

Katharina: Welche Auswirkungen hat deine Hellsichtigkeit für dich als Erwachsene?

Sabine: Tatsache ist, dass man mir wenig vormachen kann. Ich sehe in der Aura, ob es jemandem tatsächlich gut geht, ob er wirklich glücklich ist in seiner Lebenssituation und ob er gerade ehrlich zu mir ist. Damit können manche nicht umgehen, weil es in unserer Gesellschaft seit Jahrhunderten hauptsächlich darum geht, dass man höflich und ergeben Konventionen folgt, eine Fassade aufrecht erhält und Dinge tut, weil *man* sie eben tut. Die Frage, „Was möchte ich gerade wirklich?" müssen die meisten erst wieder neu lernen und sind von Eigenschaften wie bedingungsloser Ehrlichkeit und Klarheit deswegen erst einmal irritiert und überfordert.

Katharina: Gibt es auch Schwierigkeiten oder Nachteile?

Sabine: Einige Freundschaften sind in meinem Leben schon daran gescheitert, weil die Menschen das Gefühl hatten, gläsern für mich zu sein und das ist natürlich für niemanden schön. Ich habe aber, auch zum Schutz für mich selbst, gelernt, meine Wahrnehmung zu filtern. Viele Dinge sind nicht wichtig. Ich kann bestimmte Bereiche ausblenden, weil sie mich auch nichts angehen oder auch, weil sie mich gar nicht interessieren. Das ist ungefähr so, als ob du dich fragst, ob ich einen Knopf oder einen Reißverschluss an meinem Rock habe, das ist auch nicht wirklich von Belang.

Katharina: Bedeutet hellsichtig sein, spirituell zu sein?

Sabine: Hellsichtig zu sein bedeutet für mich, einen direkten Draht zum Universum zu haben. Ich habe volles Vertrauen, dass es den besagten universellen Plan gibt, dem wir alle angehören und das alles, was wir hier auf Erden erleben, einen Sinn macht und sich für jeden einzelnen als besondere Herausforderung und Aufforderung zum Wachsen darstellen kann. Ich weiß, dass wir auf unserem Weg von Engeln und Lichtwesen unterstützt werden, dass wir konkrete Wünsche formulieren können und dass wir alle mit der Gabe der Intuition gesegnet sind, die uns unseren Weg aufzeigt, wenn wir uns für diese Zeichen öffnen. Dieses tiefe Urvertrauen kann uns Menschen helfen, auch in stürmischen Zeiten ruhig und gelassen zu bleiben. Deswegen ist meine Hellsichtigkeit für mich die Grundlage für ein spirituelles Leben. Ich sehe das aber nicht als etwas Besonderes an. Hellsichtigkeit ist einfach nur eine extremere Form der Intuition und die wiederum hat jeder. Wir müssen nur lernen auf sie zu hören und ihr zu folgen.

4. Spirituelle Techniken in einem hellsichtigen Alltag

Katharina: Wie lebst du deine Hellsichtigkeit?

Sabine: Ich nehme Dinge wahr, die andere nicht wahrnehmen und das hauptsächlich, weil meine Wahrnehmungskanäle geöffnet sind. Das heißt, ich sehe Dinge, ich fühle Dinge, ich nehme etwas wahr und wenn es an die Deutung geht, dann kommt ausschließlich meine Intuition zum Tragen. Ich sehe einen Menschen, sehe seine Aura und meine Intuition sagt mir, welches Thema ihn gerade am dringendsten beschäftigt. Ich lege meine Hände auf und meine Intuition sagt mir, wo die Ursache der Beschwerden meines Patienten liegt. Die Intuition zeigt uns immer und überall in allen Fragen und Lebenslagen den richtigen Weg. Sie ist auch unser Tor zur universellen Weisheit.

Katharina: Mit welchen Anliegen kommen die Menschen denn zu dir?

Sabine: Wenn Patienten in meine Praxis kommen, dann sind sie immer auf der Suche. Sie sind unzufrieden mit ihrer Lebenssituation, leiden unter Krankheiten und Beschwerden oder möchten ein bestimmtes Thema einfach klären. Sie sehnen sich nach Veränderung, möchten glücklicher werden oder zufriedener, gelassener oder ausgeglichener, möchten herausfinden, ob sie umziehen sollen, ob sie noch ein Kind möchten oder ob sie sich weiterbilden sollten, um in ihrem Job wieder zufriedener zu sein. Sie sehnen sich danach, von sich sagen zu können, dass sie ein glücklicher Mensch sind, dass sie einfach ein gutes und erfolgreiches Leben führen, das für sie stimmig ist. Und was das genau heißt, das ist für jeden ganz unterschiedlich. Der eine wohnt gern in der Stadt, der andere möchte eine grüne Wiese vor der Tür haben. Der einen Frau ist es wichtig, viel Geld zu verdienen und Karriere zu machen, während die andere gerne ein viertes Kind möchte. Die eine legt

Wert auf modische Kleidung, während der anderen vor allem ein gepflegter Garten wichtig ist. Egal, mit welchem Thema sie zu mir kommen, sie sind auf der Suche nach ihrer eigenen Wahrheit. Diese Menschen begeben sich dann auf einen spirituellen Weg, der direkt mit ihrer Lebensrealität verknüpft ist. Sie nutzen mich als Vermittlerin zwischen der feinstofflichen und der stofflichen Welt, die uns im Hier und Jetzt umgibt. Ich habe die Erfahrung gemacht, dass sich jeder so weit öffnet, wie es ihm zu dem Zeitpunkt gerade möglich ist.

Katharina: Gibt es konkrete Techniken, die du in deiner Praxis anwendest?

Sabine: Um meine Patienten gut und kompetent zu begleiten habe ich bestimmte Techniken entwickelt, die zum einen aus meiner Lebenserfahrung als hellsichtige Frau und zum anderen aus meiner Berufserfahrung als Heilpraktikerin entstanden sind. Oft sind es Fragen, Betrachtungsweisen, Meditationen, die die Menschen anregen sollen, sich und ihre Lebensumstände aus einer anderen Perspektive zu betrachten. Diese Gedanken werden in diesem Buch weitergegeben, damit sich jeder beim Lesen inspirieren lassen kann. Die Techniken „Aura sehen", „Handauflegen" und „Meditationen" werden im Folgenden genauer beschrieben, um einen Eindruck zu vermitteln, wie meine spirituelle Arbeit konkret aussieht.

4.1 Aura sehen und verstehen

Katharina: Kannst du erklären, was die Aura ist und wie du sie wahrnimmst?

Sabine: Die Aura, das ist das feinstoffliche Energiefeld, das jeden Menschen und jedes Lebewesen umgibt. Sie hat unterschiedliche Farben, ist verschieden dick und von unterschiedlicher Beschaffenheit. Sie wird von allem beeinflusst, was uns im Hier und Jetzt begegnet. Grundsätzlich ist es so, dass ich bei jedem Menschen die Aura sehe. Vielleicht kann man sich das wie eine zusätzliche Kleidungsschicht vorstellen, eine weitere Hülle, die mir etwas darüber sagt, was derjenige gerade erlebt, gedacht oder gegessen hat. In den meisten Fällen nehme ich die Aura nur wahr, ohne sie zu bewerten, wie andere vielleicht Kleidung wahrnehmen. Ich kann die Aura eines Menschen aber auch *lesen*, wenn es Probleme, Fragen oder Unklarheiten gibt. Über ihre Art und Beschaffenheit erfahre ich viele Einzelheiten und Feinheiten, die der Person in dem Moment

- nicht bewusst sind,
- die sie verdrängt,
- nicht wahrhaben möchte oder
- vor anderen oder
- vor sich selbst zu kaschieren versucht.

Katharina: Welche Informationen findest du in der Aura?

Sabine: Das Grundwesen, die Grundstrukturen des Charakters spiegeln sich in der Aura. Man kann nichts tun, um das zu vertuschen. Deshalb spüre ich Unstimmigkeiten in einer Situation oder in der Person selbst, wenn etwas nicht authentisch ist, weil sich dann die Farbe und die Beschaffenheit der Aura verändert. Meine Erkenntnisse sind für viele eine Bedrohung. Andere wiederum sind froh, dass sie ihr eigenes Gespür mit meiner Wahrnehmung abgleichen können.

Katharina: Kannst du auch konkrete Erkrankungen erkennen?

Sabine: Ja. Zum einen bedeutet in der Aura zu lesen, dass ich *physische* Probleme und Blockaden sehen kann. Ich erkenne Erkrankungen, zum Beispiel Entzündungen, Bandscheibenvorfälle oder Gallensteine und kann genauer sagen, welchen organischen Ursprung die Beschwerden meiner Patienten haben. Ich sehe, ob jemand in seiner Mitte ist und ob die Aura weich und durchlässig ist oder starr und verhärtet. Wenn es irgendwo Entzündungen im Körper gibt, dann sehe ich eine leuchtend rote Verfärbung der Aura an der entsprechenden Stelle.

Zum anderen kann ich mithilfe der Aura auch viel über die *psychischen* und *emotionalen* Befindlichkeiten eines Patienten sagen. Ich nehme die grundsätzlichen Themen des Menschen wahr und kann oft gar nicht genau sagen, ob ich es an seiner Aura sehe, ob ich es spüre oder ob es mir meine Intuition sagt. Ich sehe das Thema, das diesen Menschen gerade beschäftigt. ‚Umbruch‘, ‚Job‘, ‚Freude‘, ‚Glück‘, ‚Zufriedenheit‘, ‚Ausgeglichenheit‘, ‚Spaß‘, ‚Verliebtheit‘, ‚Liebe‘, ‚Trauer‘, ‚Einsamkeit‘, ‚Überforderung‘, ‚Unentschlossenheit‘, ‚Frustration‘ und ‚Ärger‘ s nd nur einige Beispiele. Ist er ärgerlich oder entspannt, empfindet er Neid oder Harmonie, ist er glücklich in seiner Lebenssituation oder sehnt er sich viel mehr auf eine einsame Insel? Ich komme mit meinen Patienten darüber ins Gespräch, welche Unstimmigkeiten ich bei ihnen wahrnehme und frage sie, warum sie sich das antun? Ich kann auch von den physischen Gegebenheiten wieder Rückschlüsse auf die emotionalen Themen ziehen.

Katharina: Hast du dafür ein Beispiel?

Sabine: Der verrutschte Wirbel kommt vielleicht von der anstrengenden Lebenssituation, die Magenprobleme von der Trennung, usw. Einmal kam eine Frau zu mir in die Praxis und ich sah, dass mit ihrem Knöchel etwas nicht stimmte. In ihrer Aura sah es aus wie ein Bruch, beim Abtasten konnte ich aber nichts feststellen. Vier Wochen später rief sie in der Praxis an und erzählte, was ihr in der Zwischenzeit passiert war. Sie war mit ihrem Mann und einem befreundeten Paar in Urlaub gefahren. Mehrmals hatte ich nachgefragt, ob das tatsächlich der Urlaub sei, den sie sich erträume und ob es eine gute Konstellation sei, mit dem anderen Paar zusammen zu verreisen. Die Frau redete sich immer wieder heraus, dass der Urlaub jetzt eben gebucht sei und dass es kein Zurück mehr gäbe. Als sie schließlich am Urlaubsziel angekommen waren, spürte sie bereits am ersten Tag, dass sie mit den falschen Menschen am falschen Ort war. Sie rutschte mit dem Fuß von der Pedale ihres Fahrrades und brach sich genau den Knöchel, der mir vorher aufgefallen war. Weil sie sich dann nicht mehr bewegen durfte, beschloss sie, abzureisen. Sie hatte sich auch bewusst von ihrem Mann verabschiedet mit der Bitte, dass er die Zeit ohne sie bitte nutzen solle, um hinzuspüren und für sich zu klären, wie sich eine gemeinsame Zukunft gestalten ließe.

Katharina: Kann sich die Aura verändern?

Sabine: Die Aura verändert sich ständig, alles was uns geschieht – Begegnungen, Erlebnisse, Informationen und Gedanken – alles hat Einfluss auf ihre Beschaffenheit. Themen, die jemand an sich heranlässt, verändern sein Energiefeld und seine Ausstrahlung. Deswegen arbeite ich mit meinen Patienten auch daran, wie sie sich vor schlechten Einflüssen schützen können. (Siehe Übung im dritten Teil des Buches) ‚Die Aura dicht machen' ist ein wesentlicher Schritt in der Energiearbeit. Man kann Dinge nah an sich heranlassen, sollte aber verhindern, dass Leid und schlechte Energien in die Aura eindringen.
Ich erlebe das häufig bei Menschen, bei denen Veränderungen anstehen. Ich sage ihnen dann, dass ich in ihrer Aura eine Gefährdung

wahrnehmen kann und bitte sie, doch etwas zu tun, bevor das Universum ihnen noch deutlichere Warnsignale schicken muss. An so einen Punkt komme ich auch immer wieder selber, dass ich ganz deutlich spüre, es wird schleunigst Zeit, einmal innezuhalten, mich zu besinnen und mich besser und liebevoller um mich selbst und meine Situation zu kümmern. Ich sage diesen Patienten natürlich nicht, dass sie das eine oder das andere tun sollten, aber ich betone schon, dass ihre Entscheidungen oder eben auch ihr Verharren in einer Situation Konsequenzen haben und dass es ihrer Gesundung im Weg stehen könnte. Manchmal ist es auch so, dass ich andere Personen in der Aura sehen kann ...

Katharina: Das ist doch der Teil, den man sich gemeinhin als ‚Hellsichtigkeit' vorstellt ...

Sabine: Es geht aber nicht so sehr darum, etwas vorherzusagen ... Diese Menschen, die ich in der Aura sehe spielen einfach eine besondere Rolle für diese Person. Meine Intuition gibt mir dann einen Hinweis, ob es eine positive oder eine problematische Beziehung ist. Die Patienten wollen das manchmal nicht wahrhaben, weil sie genau wissen, dass das der empfindliche Punkt ist, an dem sie selbst etwas verändern müssen. Wenn ich einer Frau zum Beispiel sage, dass ich einen anderen Mann in ihrer Aura sehe und sie sich aber seit Jahren mit ihrer mäßig funktionierenden Ehe arrangiert hat. Oder wenn zwei Schwestern zu mir kommen, beide haben die Mutter in der Aura und ich spüre bei der einen, dass es ein sehr harmonischer Kontakt ist und bei der anderen, dass ihr die Beziehung in dieser Form gar nicht gut tut.

Katharina: Woher weißt du denn, dass du mit dem, was du wahrnimmst, richtig liegst?

Sabine: Ich frage dich doch auch nicht, warum du so sicher sein kannst, dass ich eine Jeans, einen schwarzen Pullover und graue

Schuhe anhabe. Du siehst es einfach. Und genau so sehe ich die Aura jedes Menschen. Das ist bei mir von Geburt an so, ich kenne es nicht anders.

Katharina: Ist es nicht enorm anstrengend, wenn immer so viele Informationen auf dich einprasseln?

Sabine: Ich habe gelernt, den einzelnen Dingen, die ich wahrnehme, in meiner Freizeit nicht zu viel Bedeutung beizumessen. Das ist so, als wenn du dein Gegenüber betrachtest und *siehst*, dass es eine Frau ist und dass sie zwei Ringe, eine Uhr und eine Halskette trägt und noch dazu ihre Fingernägel rot lackiert hat. Diese Aspekte nimmst du auch wahr, ohne besonders darauf zu reagieren. In meiner Arbeit stellt sich das natürlich anders dar: Hier muss ich auf die Details eingehen, weil sich die Menschen von meiner Fähigkeit des Aura Lesens einen Impuls für mögliche Veränderungen in ihrem Leben erhoffen.

Katharina: Wie funktioniert Aura lesen denn nun ganz konkret?

Sabine: Es ist wie eine Art Scan: Ich schaue die Aura von oben bis unten einmal durch. Wenn mir dann eine besondere Färbung an einem bestimmten Bereich auffällt, dann gibt mir meine Intuition ein Wort, ein Thema, um das es bei dieser Stelle gerade geht. Ich empfinde es, manchmal höre ich ein Wort, manchmal sehe ich ein bestimmtes Bild. Ich nehme etwas wahr und spreche es aus, ohne es zu filtern.

Katharina: Was sagen die Farben in der Aura?

Sabine: Die Aura hat bei jedem Menschen eine individuelle Grundfarbe, die sich aber verändern kann. Dieses Energiefeld ist einzigartig. Ich kann Menschen manchmal einfacher an ihrer Aura wiedererkennen, als an ihrem äußeren Erscheinungsbild. Eine harmonische, ausgeglichene und friedliche Grundstimmung sehe ich zum Beispiel an zarten blau und grün Tönen mit rosa Verästelungen. Ärger, Neid, Wut und Hass sind dunkel. Es gibt ein sattes Grün, das auf eine gelebte Harmonie hinweist und ein Feld von verschiedenen sich vermischenden Grüntönen, das die Suche nach Harmonie anzeigt. Rot kann ein Zeichen für Ärger sein und für Verliebtheit. Da gibt es häufig Parallelen zur allgemeinen Farbenlehre. Ganz verallgemeinert gesprochen kann ich sagen, dass ich die Farben folgenden Themen zuordne:

Rot	=	Verliebtheit, Aggressivität, Aktivität
Gelb	=	Kreativität, Neid
Blau	=	Klarheit, Dominanz
Grün	=	Harmonie
Braun	=	Erdung
Rosa	=	Weichheit, Weiblichkeit
Orange	=	Teamgeist, Kooperationsbereitschaft
Lila	=	Spirituelles Sein

Diese Kategorie zeigt lediglich übergeordnete Themen. In den Auren können sich alle Farben in unterschiedlichen Ausformungen kombinieren. Doch auch, wenn man die Farben grundsätzlich bestimmten Emotionen zuordnen kann, so ist es in meiner Arbeit so, dass ich die Farben bei jedem anders wahrnehme. Ich spüre genau hin, welchen Impuls löst die entsprechende Farbe bei mir aus? Meine innere Stimme sagt mir, welche Schattierung das Gefühl bei diesem bestimmten Menschen hat. Gelb wird nach der allgemeinen Farbenlehre ja der Eigenschaft ‚neidisch' zugeschrieben. In meiner Wahrnehmung steht Gelb aber oft auch für Kreativität. Unabhängig von der Grundfarbe ist es immer gut, wenn in der Aura des Menschen alle Farben vorkommen. So, als ob man durch ein Prisma schaut und sich die Farben des Regenbogens auffächern. Die einzelnen Farbtöne geben verschiedene Signale. Wenn sechs Menschen an einem Tisch sitzen und alle haben Grün in der Aura, dann hat das zwar immer etwas mit dem Überthema „Harmonie" zu tun, es kann sich aber bei jedem einzelnen anders gestalten. Die eine Frau ist auf der Suche nach Harmonie, die andere ist komplett in Harmonie, bei dem einen Mann ist das Grün mit leuchtendem Rot verbunden, was zeigt, dass er total verliebt ist und bei dem nächsten ist Grün mit Braun verbunden, was anzeigt, dass er in Harmonie ist und noch dazu gut geerdet. In dieser Gruppenkonstellation wird es schwierig, richtig Streit zu bekommen.

Wenn ich erkenne, dass eine bestimmte Farbe in der Aura nicht vorhanden ist, dann sagt das etwas über das emotionale Element aus, das diesem Menschen in dem Augenblick fehlt. Ist es zum Beispiel Gelb, dann könnte er ein wenig mehr kreative Impulse gebrauchen. Wenn Rot fehlt, dann täte ihm mehr Durchsetzungskraft oder mehr Liebe gut.

Katharina: Kann man etwas tun, wenn einem eine bestimmte Farbe in der Aura fehlt?

Sabine: Ich empfehle dann, sich einen Schal, ein Handtuch oder eine Tasse in der entsprechenden Farbe zu nehmen. Wenn man sich im Außen mit der Farbe umgibt, dann wirkt das auch auf das Energiesystem des Menschen zurück. Das kann jeder problemlos und spielerisch für sich selbst anwenden.

Katharina: Ist das grundsätzlich so?

Sabine: Grundsätzlich kann man sagen, dass die Farben, mit denen wir uns umgeben, unser Energiesystem beeinflussen. Sie wirken also sowohl nach innen, als auch nach außen, weil wir mit den Farben, die wir tragen, auch bestimmte Signale an unsere Umwelt senden. Rote Lippen signalisieren zum Beispiel „Bereitschaft zur Aktivität". Es ist faszinierend, zu erleben, dass Menschen sich zu bestimmten Farben hingezogen fühlen und oft sind das gerade die Farben, die ihnen in der Aura fehlen. Umgekehrt ist es auch so, dass sie sich von Farben abgestoßen fühlen, die sie selbst im

Überschuss haben. Einen aggressiven Menschen sollte man also nicht in einen Raum mit roten Möbeln oder einem roten Teppich setzen, weil das seinen Zustand noch verschlimmern kann.

Katharina: Welche Formen und Beschaffenheiten kann eine Aura haben?

Sabine: Ich sehe die Aura um den Menschen herum wie eine Hülle, die man sich wie einen Rahmen vorstellen kann. Sie ist mal dick und mal dünn, je nachdem, wie viel Schutz die Person gerade an den unterschiedlichen Körperregionen nötig hat. Man kann grundsätzlich sagen, dass Menschen, die ausgeglichen und in Harmonie sind, auch eine weiche, bewegliche Aura haben. Eine dicke Aura bedeutet eine große Abgrenzung und damit ein großes Schutzbedürfnis. Das kann auch wieder jeder ganz intuitiv spüren. Die Aura kann sehr starr sein oder weich und flexibel. An einer zittrigen Aura kann ich zum Beispiel erkennen, dass der Mensch ängstlich oder unsicher ist. Manchmal ist die Aura rund geformt, dann kann es aber auch Ecken geben, an denen man sich stoßen oder tatsächlich abprallen kann.

Es gibt Menschen, die spitze, sehr abweisend wirkende Zacken in der Aura haben. Diesen bedrohlichen Eindruck kann ich dann immer noch mit der Farbe abgleichen. Wenn jemand zarte Farben in seiner Aura hat und dann diese Spitzen auftauchen, dann weiß ich, das ist ein Schutz. Wenn in der Aura aber dunkelblau, dunkelrot oder feuerrot vorherrschen, dann nehme ich mich schon in Acht, weil ich es dann mit jemandem zu tun habe, der hochaggressiv ist und es tatsächlich auf Auseinandersetzung und Kampf anlegt. Manche Menschen haben die Aura ganz nah an sich dran und brauchen keine dicke Schutzschicht und dann kommen die mit einer ganz dicken Aura, die sich enorm abgrenzen und schützen. Wenn jemand eine massive Blockade hat oder sich stark abgrenzen muss, dann kann die Aura ganz hart sein und zusätzlich einen oder mehrere Ränder haben.

Katharina: Wie ist es, wenn sich Auren begegnen?

Sabine: Wenn zwei Menschen Vertrauen zueinander haben, dann ist die Aura dünn, wenn sie sich nicht so gut gesonnen sind, wird eine dickere Aura zum Schutz aufgebaut. Es gibt auch Situationen, in denen zwei Menschen die Aura zeitgleich abbauen und eine ausgesprochen geöffnete Situation entsteht. Dann wird eine Umarmung auch zu einer echten Umarmung und nicht zu einem Standardbegrüßungsritual. Wenn Menschen zum Beispiel gemeinsam feiern oder trauern, dann gleichen sich die Auren an, dann gibt es eine gemeinsame Schwingungsebene. Wenn sich Menschen gut verstehen oder gemeinsam ein gutes Gefühl haben, dann schwingen sie sich ein und kommen in Einklang und das kann man auch an den Auren erkennen. Ebenso erkennt man, wenn Menschen zusammen sind, die keine gemeinsame Schwingung entwickeln können, weil sie ganz einfach zu unterschiedlich sind.

4.2 Handauflegen

Sabine: Handauflegen hat in unserem Kulturkreis eine lange Tradition. Der Gedanke dahinter ist, dass wir ein Kanal sind für die universellen Energien und sie mit unseren Händen weitergeben können. Ich lasse mich von meiner Intuition leiten, wo meine Hände hinmöchten. Ich glaube, dass die Fähigkeit, Energie mit den Händen weiterzugeben, jedem von Natur aus mitgegeben wird. Wenn man Kinder beobachtet, dann legen sie die Hände intuitiv da hin, wo es wehtut. Und auch Mütter legen intuitiv die Hände auf ihre Kinder, wenn diese Beschwerden haben. Das ist ganz normal und wenn man sich einmal selber beobachtet, dann legt man oft einfach die Hände auf den Bauch oder an die Schläfen, weil einem das gut tut.

Katharina: Wie machst du das in deiner Praxis?

Sabine: Die Energiearbeit, die ich mit meinen Händen anwende, ist vollkommen frei. Wenn eine Patientin mit starken Kopfschmerzen zu mir kommt, dann spüre ich, wo meine Hände hingehen möchten, vielleicht zum Bauch, zu den Knien oder zu den Füßen. Wenn man sich darauf einlässt, dann spürt man ganz eindeutig, wo die Energie, die durch die Hände fließt, benötigt wird. Ich spüre, dass die Energie immer dahin läuft, wo der Körper sie braucht. Da kommt jemand und hat Probleme mit seinem Ellbogen und ich spüre, das ist eigentlich ein Unterleibsthema.

Katharina: Heißt das, dass es eigentlich egal ist, wo man die Hände auflegt?

Sabine: Ich habe die Erfahrung gemacht, dass sich der Körper die Energie dahin holt, wo er sie braucht. Das ist der Grund, weshalb ich nur einige wenige Handpositionen anwende. Wenn jemand zum Beispiel sagt, er glaube, dass etwas mit seinen Nieren nicht in Ordnung sei, und ich lege die Hände auf seine Schultern, dann zieht die Energie direkt zu den Nieren, wenn diese tatsächlich das Problem sind.

Katharina: Spüren deine Patienten, wie die Energie fließt?

Sabine: Meine Patienten sind unterschiedlich sensibel für die Energie. Einige spüren, wenn Energie fließt oder sie spüren im Gegenteil, wo sie nicht fließt, weil sie blockiert sind. Andere sagen, sie nehmen nichts wahr und sie verstehen auch nicht, was ich da mache, aber sie spüren deutlich, dass es ihnen gut tut und dass die Symptome nach der Behandlung besser werden. Bei körperlichen Symptomen ist es zunächst einfacher, weil die Leute mit Schmerzen kommen, die sie oft nach der Behandlung nicht mehr haben. Ich weise dann immer darauf hin, dass wir jetzt nur das Symptom kuriert haben, dass es aber trotzdem wichtig wäre, sich die Ursache noch einmal anzuschauen und den Hinweis hinter dem Symptom zu verstehen.

Katharina: Aber generell ist Energiearbeit doch mehr als eine Symptombehandlung …

Sabine: Das Faszinierende ist, dass man mit der Energiearbeit immer Körper, Seele und Geist gleichermaßen anspricht. Handauflegen ist gut, um Gedanken und Gefühle zu klären. Es ist auch für Menschen hilfreich, die sich gerade in einer Wandlungsphase oder in einer Krise befinden, die zum Beispiel gerade einen Angehörigen verloren haben oder eine Trennung verarbeiten müssen. Alle Gefühle, die während der Energiearbeit hochkommen, sind erlaubt und dürfen gelebt werden. Lachen und Weinen, alles, was man selber braucht, das kommt in dieser Situation zum Ausdruck. Man darf hinspüren, was einem während der Energiearbeit für Impulse kommen. Wenn man immer wieder an ein bestimmtes Thema denkt, dann könnte das der nächste Ansatzpunkt für Veränderungen sein, die angegangen werden möchten und die durch die Energiearbeit in Bewegung kommen. Oft kommen die tiefsten Wünsche der Menschen ans Tageslicht.

Katharina: Gibt es auch Nebenwirkungen?

Sabine: Es kommt manchmal vor, dass man nach der Energiearbeit zwei bis drei Tage wie durchgepustet ist. Das ist häufig so, wenn man sehr viele Blockaden hatte. Da fegt die Energie dann wie ein Wirbelwind durch das System und bringt erst einmal einiges in Unordnung, das dann bearbeitet und angeschaut werden kann. Meiner Erfahrung nach ist es in den meisten Fällen so, dass sich der Gesamtzustand aber nach einiger Zeit beruhigt, weil sich die Themen sortieren.

4.3 Meditationen

Katharina: Meditieren scheint gerade in Mode zu sein. Es werden viele Kurse angeboten und immer mehr Menschen kommen auf den Geschmack, mit Meditationen ihren Geist zur Ruhe kommen zu lassen und ihren Körper zu entspannen. Ist das auch bei den Meditationen, die du machst und anbietest so?

Sabine: Meditieren bedeutet ja erst einmal, durch eine bewusste Atmung seinen Körper in einen Zustand der Tiefenentspannung zu versetzen. Häufig wird das mit den Lehren des Buddhismus oder des Reiki verknüpft. Ich kenne es seit meiner Jugend, dass ich mich durch eine bewusste Atmung und durch das Loslassen meiner Gedanken in einen Zustand der Tiefenentspannung versetzen kann. Wenn ich mich dabei auf eine bestimmte Person konzentriere, dann kann ich sehen, welche Themen diese Person gerade beschäftigen. Ich visualisiere die entsprechende Person und wenn ich sie nicht kenne oder am Telefon nur ihre Schwingung aufgenommen habe, dann bitte ich meine Engel, mit den Engeln dieses Menschen Kontakt aufzunehmen. Ich frage dann ganz bewusst, um welche Themen es für diese Person geht und was ich mit meiner Meditation bewirken soll. Dieses Wissen, das ich meistens in der Nacht vor dem Termin mit dieser Person *abfrage,* hilft mir, wenn es darum geht, bestimmte Veränderungswünsche mit dieser Person zu erörtern. Hierbei spielt es keine Rolle, ob mir die Menschen gegenübersitzen oder sich an einem anderen Ort aufhalten.

Katharina: Heißt das, dass du gezielt Energie schickst?

Sabine: Ja, ich nutze meine Meditationen, um bestimmten Menschen gute Energie für ihre Vorhaben zu schicken. Oder ich schicke ihnen Licht und Liebe, damit sie gesund werden oder ein bestimmtes Projekt, das ihnen am Herzen liegt, einen guten und erfolgreichen Ausgang nimmt. Zuhause habe ich eine Schachtel mit

Zetteln von ganz vielen unterschiedlichen Menschen, auf denen ihre Wünsche stehen. Ich spreche dann ein kleines Gebet, binde mich an die universelle Energie an und bitte, dass sich die Wünsche dieser Menschen erfüllen mögen, mit allem Für und Wider, das ich in meiner Arbeit mit den Patienten auch schon erörtert habe. Dann sage ich: „Wenn es für diesen Menschen zum Vorteil ist, dann möchte ich, dass es so, wie er es sich wünscht, für ihn passiert." Das ist wie eine Art Sammelbestellung beim Universum und ich lasse die Zettel so lange in der Kiste, bis sich derjenige meldet und sagt, dass er jetzt seinen Traumjob, einen interessanten Partner oder eine schöne neue Wohnung gefunden hat oder dass das eingetreten ist, was er sich so sehr gewünscht hat. Oder aber ich setze mich hin und schicke Licht an eine bestimmte Person, die ich kenne und von der ich weiß, dass ihr gerade Licht und Liebe und Energie fehlen. Energie zu schicken ist völlig unschädlich. Man kann das auch tun, wenn der andere nichts davon weiß. Ich formuliere das immer so, dass ich den Menschen das schicke, was sie brauchen, um ein glückliches Leben führen zu können.

Katharina: Und das funktioniert?

Sabine: Ja, die gute Energie unterstützt die Menschen auf ihrem Weg. Sie nimmt ihnen nicht ihre Verantwortung ab und Wunder geschehen so auch nicht, wenn die Menschen nicht selbst ins Handeln kommen. Aber allein die Tatsache, dass ich immer wieder Zettel aus meiner Kiste entfernen kann, zeigt ja, dass sich die Anliegen für meine Patienten klären. Wichtig ist, dass diese Wünsche nie für einen anderen zum Nachteil werden. Wenn sich zum Beispiel ein Patient einen Job in einer großen Werbeagentur wünscht, dann dürfte deswegen nicht einem anderen gekündigt werden. Das ist mir enorm wichtig, anständig und geradlinig zu handeln. Ich werde auf keinen Fall schlechte Schwingungen produzieren. Legitim wäre, wenn eine Stelle frei würde, weil derjenige eine andere Tätigkeit gefunden hat, die ihm viel mehr Spaß macht.

Katharina: Kannst du denn durch diese Meditationen, durch dieses „Energie schicken" auch kranke Menschen bei ihrem Prozess des Gesund Werdens unterstützen?

Sabine: Was häufiger vorkommt ist, dass mich jemand anruft und sagt, dass er sich übermorgen einer schweren Operation unterziehen muss und mich bittet, in dieser Zeit in Gedanken bei ihm zu sein und ihm gute Energie zu schicken. Ich setze mich dann in der Nacht vor der Operation hin und bitte das Universum und alle Engel und Lichtwesen um heilende Energie für diesen Menschen.

Katharina: Ist es denn tatsächlich vollkommen egal, wo sich derjenige gerade befindet?

Sabine: Das spielt tatsächlich überhaupt keine Rolle und folgt dem Grundsatz, dass wir alle miteinander verbunden sind. Ich muss also nur sagen „Ich schicke dir Energie und Licht und gute Gedanken!" Dafür kann man sich sogar verabreden und einen gemeinsamen Termin finden, zu dem sich beide gedanklich anbinden und einstimmen und so miteinander in Verbindung stehen. Darum kümmere ich mich jede Nacht, ich meditiere jede Nacht mehrere Stunden. Ich bekomme inzwischen jeden Abend bis zu dreißig SMS von Leuten, die mich um energetische Unterstützung bitten und für die ich dann nachts meditiere. Diese Rituale für meine Patienten mache ich ganz konsequent. Und da ich meine Hellsichtigkeit nicht irgendwann einfach abstellen kann, nutze ich meine Fähigkeiten zum Wohle der anderen. In dem Moment, wo ich mich entschieden habe, darin meine Berufung zu sehen, trage ich meinen Patienten gegenüber eine Verantwortung, so dass ich ganz selbstverständlich nach einem schönen Abend, egal wie müde ich bin, in die Meditationen und die Energiearbeit für die anderen gehe.

Katharina: Kann man denn auf diesem Weg nicht auch manipulieren?

Sabine: Grundsätzlich muss man sagen, dass man auf diesem Weg auch Menschen manipulieren und schlechte Energien in die Welt schicken kann. Man muss schon sehr genau schauen, welche Wünsche man beim Meditieren und Energie schicken formuliert. Wie gesagt, ist es mir ganz wichtig, mich von solchen Praktiken abzugrenzen. Ich achte sehr darauf, dass ich in meiner Arbeit nichts Übergriffiges mache. Manchmal kommt jemand und fragt, ob ich nicht machen kann, dass sich diese bestimmte Person in sie verliebt. Ich weiß, dass es solche Rituale gibt, aber ich würde sie nicht anwenden. Ich würde höchstens eine Bitte an das Universum schicken, dass sich die beiden begegnen und ihnen die Augen füreinander geöffnet werden, wenn das eine gute Verbindung wäre. Oder wenn mir jemand von seiner langjährigen Beziehung erzählt, in der es in letzter Zeit bröckelt und mich bittet, ein Ritual zu machen, dass er wieder so verliebt ist, wie am Anfang, dann erinnere ich ihn daran, dass er sich in der Zwischenzeit verändert hat und seine Frau auch und wenn ich jetzt ein Ritual dafür mache, dass sich die beiden wieder neu verlieben, dann müssen sie eben auch mit den neuen Eigenschaften des anderen klar kommen.

Katharina: Ist Energie schicken auch etwas, an das man glauben muss?

Sabine: Wenn mich jemand fragt, ob ich einer Person Energie schicken kann, die nicht daran glaubt, dann differenziere ich sehr stark. Wenn derjenige sagt, dass er nicht an so etwas glaubt und das auch nicht möchte, dann schicke ich auch nichts. Ich wünsche diesem Menschen lediglich alles Liebe und Frieden und dass er sein Leben gut lebt, so wie er es lebt. Das ist legitim, damit mache ich nichts Schlimmes und manipuliere auch niemanden. Schwierig wird es nur, wenn jemand zu mir kommt und zum Beispiel sagt: „Schicken Sie meinem Mann bitte Energie, damit der endlich spirituell wird." Das kommt für mich überhaupt nicht in Frage. Das ist übergriffig und manipulativ. Energie schicken darf niemals eigennützig sein und in einem solchen Fall geht es doch nicht um die Person, der etwas geschickt werden soll. Also Vorsicht, wenn jemand Wünsche für jemand anderen „bestellt", weil er meint zu wissen, was für den das Beste ist. Nach dem Motto „Schicken Sie Energie, dass mein Kind konsequent die Schule durchzieht" oder „Schicken Sie Energie, damit meine Frau einen Alkoholentzug macht." Ich betone dann, dass ich dem Kind Licht und Liebe schicken kann, damit es sich selber treu bleibt und den Mut hat, seinen ganz eigenen Weg zu gehen. Das kann aber auch die Konsequenz haben, dass das Kind vor seinen Eltern steht und sagt, dass es die verhasste Schule verlässt und stattdessen eine Ausbildung macht, um den Job zu lernen, den es immer schon lernen wollte. Oder es kündigt den Job und holt das Abi nach, weil es den Traum hat, zu studieren. Und dann stehen die Eltern hier und beschweren sich, weil es nicht das war, was sie erwartet haben. Wir dürfen nichts erwarten von den anderen und erst recht dürfen wir keine Pläne für unsere Ehepartner und Kinder im Kopf haben.

Einmal kam eine Frau zu mir und sagte, dass ihr 95-Jähriger Mann so schwer krank sei und dass sie nicht wolle, dass er stirbt. Ich erinnerte sie daran, dass es nicht um sie geht und dass es vielleicht jetzt an der Zeit sei, dass sie ihren Mann loslassen müsse, um ihm einen friedlichen Übergang zu ermöglichen. Ich habe dann ein Ritual für sie gemacht, dass sie genug Kraft bekommt, ihn gehen zu lassen und nicht so große Angst vor dem Alleinsein haben muss. Das sind immer Gratwanderungen für mich. In solch einer Situation gebe ich diesen Menschen Energie, lege ihnen die Hände auf, damit sie in die Klarheit kommen. Und diese Frau rief ein paar Tage später an und sagte, dass ihr Mann gestorben sei und zwar ganz friedlich und dass für sie keine Welt zusammengebrochen sei, weil sie erfahren durfte, wie viele Menschen sie habe, die sie jetzt in dieser Situation unterstützen würden.

Katharina: Kann man auch für sich selber meditieren und diese universelle Energie für seine eigenen Anliegen aktivieren?

Sabine: Wenn man für sich selber meditiert, weil man einen ganz konkreten Wunsch hat und das Universum gern um Unterstützung bitten möchte, dann ist es wichtig, dass man sein Anliegen KLAR formuliert. Vor allem, wenn man um ein Zeichen bittet, sollte man klar sein, was man sich genau erhofft. Zum Beispiel: „Liebes Universum. Ich würde so gern eine neue Wohnung finden, bitte gib mir doch ein Zeichen, wo ich sie finde." Wenn ich dann am nächsten Tag einen Flyer von Wohnungen in Gran Canaria im Briefkasten habe, dann habe ich wohl ungenau gewünscht.

Wenn ich sage: „Liebes Universum, hilf mir, eine Wohnung in der Innenstadt von Hannover zu finden, die einen Balkon hat und in der ich einen Behandlungsraum einrichten kann", dann weiß das Universum, in welche Richtung meine Wünsche genau gehen. Es kann natürlich auch sein, dass ich nicht genau weiß, wo ich in Zukunft leben möchte, dann wäre ein Flyer über Wohnungen auf Gran Canaria ein eindeutiger Hinweis, über den ich nachdenken sollte. Plötzlich erkennt man dann vielleicht sogar Übereinstimmungen mit seinem eigenen inneren Gespür, dass man schon immer gern auf die Kanaren gefahren ist und sich dort schon als Kind sehr Zuhause gefühlt hat oder Ähnliches.

Wenn man das Universum um ein Zeichen bittet, dann wird man auch sensibel dafür, was das Zeichen ist. Also, wenn ich in der Tagesschau eine Nachricht über einen Orkan auf Teneriffa höre, dann kann es sein, dass ich plötzlich spüre, dass das der Ort ist, an dem ich mich niederlassen sollte. Ich gehe dann innerlich damit in Resonanz, während mich die vorherige Nachricht über die Filmfestspiele in Cannes völlig kalt gelassen hat. Das Universum zeigt uns immer das Optimale, so wie es unser persönliches Vorankommen auf unserem Lebensweg am besten unterstützen würde. Es gibt immer stimmige Zeichen, so wie es für unseren Lebensplan passend ist. Wir müssen nur bereit sein, die Zeichen zu erkennen und dann können wir mit unserem freien Willen entscheiden, ob wir in die Richtung gehen möchten oder nicht. Dann kann man sich neu ausrichten und das Universum erneut fragen.

4.4 Mit Engeln und Lichtwesen kommunizieren

Katharina: Das ist bestimmt der Punkt, an dem die verstandsorientierten Menschen die Hände über dem Kopf zusammenschlagen …

Sabine: Ja, aber zum Glück ist das auch der Punkt, von dem sich viele spirituell interessierte Menschen besonders berührt fühlen. An den Engeln scheiden sich nun mal die Geister: Die einen glauben nicht daran, dass es sie wirklich gibt, dass sie unser Leben beeinflussen und interpretieren deshalb bestimmte Ereignisse als Zufall. Die anderen glauben daran, dass Engel uns unterstützen und sind erfüllt von Dankbarkeit und Freude darüber, dass sie himmlische Hilfe erhalten. Ich kann nur sagen, wenn man sich dafür entscheidet, dass es Engel und Lichtwesen gibt, dann wird das eigene Leben leichter und freudvoller. Mit dem Bewusstsein für ihre Anwesenheit verändert sich unsere Wahrnehmung. Wir spüren, dass einige Dinge nicht in unserer Hand liegen, weil es einen universellen Plan gibt, dem unser Leben hier auf der Erde untergeordnet ist.

Ich sehe immer und überall Lichtwesen. Ich nehme die Anwesenheit der Engel wahr und spüre, dass es plötzlich ganz kalt im Raum wird. Das ist ein weiterer Aspekt meines spirituellen Seins. Engel sehen so aus, wie wir sie wahrnehmen. Ich kann immer nur sagen, wie ich sie sehe, aber ihre Form, Größe und Farbe kann für jeden unterschiedlich sein. Den Engeln und Lichtwesen ist es wichtig, dass wir keine Angst vor ihnen haben. Ihr Ziel ist es einzig und allein, uns gute Gefühle zu machen und ein harmonisches Miteinander in einer lichtvollen, friedlichen Welt zu erschaffen. Universelle Harmonie ist ihr Plan. Deshalb leben sie geschlechtslos in konkurrenzloser Eintracht.

Katharina: Was sind denn Lichtwesen und gibt es eine Hierarchie der Engel?

Sabine: Es gibt viele Bücher und Internetseiten, auf denen die Engelhierarchie beschrieben wird. Dort unterscheidet man unter anderem, zwischen Lichtwesen, aufgestiegenen Meistern, Engeln und Erzengeln. Sie alle stehen in direktem Kontakt zum Universum. Ich habe aber die Erfahrung gemacht, dass diese Hierarchie nicht wichtig ist. Wenn jemand himmlische Hilfe benötigt, dann bekommt er sie und zwar genau von demjenigen, der in diesem Moment hilfreich für diesen Menschen ist. Ich habe diese Hierarchie nie gespürt und vielleicht fällt es mir deshalb im Hier und Jetzt auch schwer, hierarchische Strukturen anzuerkennen, weil ich davon überzeugt bin, dass jeder mit seinen individuellen Qualitäten in seiner Funktion wichtig ist, damit ein System harmonisch funktionieren kann.

Bei Engeln und Lichtwesen ist es wichtig, zu unterscheiden: Engel sind immer Engel. Wir Menschen können nur Lichtwesen werden, das heißt, wenn wir sterben, dann verändert sich lediglich unsere stoffliche Form. Wir können als Lichtwesen das Geschehen hier auf der Erde beeinflussen, wenn wir von den Menschen wahrgenommen werden, denen wir Gutes tun wollen. Auch die aufgestiegenen Meister waren vorher Menschen. Zu ihnen gehören zum Beispiel der ägyptische Gott Thot, Buddha, Jesus oder Franz von Assisi. Bedeutende Menschen, die zu Lebzeiten Gutes getan haben, das auch nach ihrem physischen Tod noch weiterwirkt. Sie kannten das irdische Sein mit all seinen Höhen und Tiefen und haben hier versucht, das andere, das *spirituelle* Sein zu leben. Lichtwesen sind immer frühere Menschen, die uns nach ihrem Tod zur Seite stehen. Sie sind uns nicht unbedingt bekannt, gehören aber zu unserem Umfeld. Wenn ich mit Menschen arbeite, dann nehmen Lichtwesen aus deren Umfeld Kontakt mit mir auf, weil ich ja in ihrem Auftrag arbeite.

Katharina: Stimmt es, dass jeder Mensch einen persönlichen Schutzengel hat und wenn ja woran erkennt man den?

Sabine: Ja, jeder Mensch hat immer einen Engel an seiner Seite, der ihn beschützt und sich um die ganz individuellen Belange dieser Person kümmert. Der Engel sucht sich seinen Menschen entsprechend seines eigenen Naturells aus. Das ist auch umgekehrt so, weil der Mensch mit seiner Geburtszeit bestimmt, welcher Engel für ihn zuständig ist. Wenn man in Meditationen nach dem Namen des Engels fragt, dann taucht er oft auf. Es ist nicht wichtig, dass wir unseren Engel mit Namen ansprechen. Er hört uns immer zu, wir müssen uns nur äußern und ihm unsere Wünsche mitteilen. Wenn wir stumm bleiben und diese Form der Kommunikation nicht nutzen, dann ist das kein Problem, aber dann wird der Engel auch nicht für uns aktiv, es sei denn wir befinden uns in einer Notsituation. Neben dem persönlichen Schutzengel gibt es aber auch noch die „Helferengel", die, je nach ihrem eigenen „Fachgebiet", in akuten Situationen für uns zur Stelle sind. Es gibt zum Beispiel den Engel der Kreativität, Engel der Klarheit, Engel der Zuversicht, Engel der Gnade oder den Engel der Hingabe. Wenn ich eine Auseinandersetzung mit einer anderen Person habe, dann kann ich auch meinen Engel bitten, Kontakt zum persönlichen Schutzengel dieser Person aufzunehmen, um das Thema zu klären. Ich mache es mir da immer einfach: In meinen Meditationen oder kurzen Wunschäußerungen bitte ich meinen Schutzengel, dass mir geholfen wird und bitte, dass er mir genau den richtigen Engel für mein Thema an meine Seite stellt. Der kennt sich da einfach viel besser aus.

Katharina: Variiert die Anzahl der Engel, die um uns herum sind oder haben zum Beispiel traurige Menschen mehr Engel als fröhliche?

Sabine: Grundsätzlich gilt, Engel sind immer bedingungslos für uns da. Sie sind bei einem kranken, einsamen Menschen genauso, wie bei einem fröhlichen, gesunden. Die einen nutzen die Kraft der Engel und die anderen nutzen sie eben nicht, weil sie nicht an sie glauben. Auch die Anzahl der Engel hängt nicht von der Stimmung des Menschen ab. Wenn ein Mensch zwei Engel um sich herum hat, dann bedeutet das, dass er sich mit den beiden Themen dieser Engel beschäftigen soll. Wenn ein Mensch vierzehn Engel in seiner Nähe hat, dann sind es eben vierzehn Themen. Das ist individuell ganz unterschiedlich. Fest steht aber auch, dass jeder immer nur so viele Themen zugemutet bekommt, wie er verkraften kann. Die Engel meinen es ja immer gut mit uns und wollen uns nicht überfordern. Wenn ein Patient zu mir kommt, dann kann ich sehen, welche Engel sich in seiner Nähe aufhalten und um welche Aspekte es in seinem Leben gerade geht. Manchmal kommt jemand zu mir und ich sehe drei Engel hinter ihm und spüre, dass er das gar nicht wahrnimmt. Dann gebe ich ihm schon den Hinweis „Nutzen Sie mal den Engel des Mutes und den Engel der Klarheit, die sind bei Ihnen und die geben Ihnen hier gerade eine große Chance!"

Engel können „ihren" Menschen aus einer Stimmungssituation herausholen oder eine bestimmte Stimmung verstärken, je nachdem, wie es gerade für den Menschen am besten ist. Als ich einen Bandscheibenvorfall hatte und so starke Schmerzen hatte, dass ich nicht gehen konnte, da habe ich mit meinem Engel gesprochen und ihm gesagt: „Ich habe verstanden, warum ich diese Schmerzen habe, aber bitte mach es, dass sie weniger werden, damit ich es bis ins Krankenhaus schaffe." Da brauche ich dann den Engel der Einsicht, den Engel des Mutes, den Engel der Klarheit und den Engel der Gesundheit habe ich auch schon gebeten, dass er mir hilft, gesund zu werden, wenn ich mein Thema angehe.

Es ist schade, dass sich Menschen häufig erst auf Engel besinnen, wenn es um die Lösung von Sorgen und Problemen geht. Aber vielleicht sind genau diese Probleme dazu da, den Menschen zu zeigen, dass es Engel gibt. Leider kommen nur wenige auf die Idee, sich bei ihren Engeln und Lichtwesen zu bedanken, wenn es ihnen gerade gut geht. Menschen in einer fröhlichen Situation können dem Engel der Fröhlichkeit danken und ihn einfach mitfeiern lassen. Wenn wir hier feiern, dann stelle ich immer irgendwo einen Teller mit etwas Schönem darauf hin. Den widme ich dem Engel der Fröhlichkeit und bitte ihn, bei uns zu sein.

Wir sollten ganz bewusst etwas Gutes tun für die Engel und die Lichtwesen. Man kann ihnen einfach alles widmen. Wir sollten uns gerade in fröhlichen Situationen, wenn es uns gut geht, an unsere Engel erinnern und sie teilhaben lassen, sie bewusst wahrnehmen und ihnen danken. Da ist es mit den Engeln wie mit guten Freunden. Ich möchte doch von meiner Freundin auch nicht immer nur dann angerufen werden, wenn sie Probleme hat. Ich möchte doch auch Spaß mit ihr haben und mich über schöne Ereignisse mit ihr zusammen freuen.

Katharina: Wie nimmt man mit Engeln Kontakt auf?

Sabine: Im Grunde sollte man mit den Engeln unbedarft und offen reden wie ein Kind. Höflich, achtsam und freundlich. Man sollte sich immer bedanken, für die guten Dinge, die einem die Engel und das Universum zuteil werden lassen. Für die Unterstützung, den Beistand und die Begleitung auf dem Lebensweg. Engel und Lichtwesen lieben es, wenn wir mit ihnen Kontakt aufnehmen. Sie sind voller Freude, wenn wir an sie glauben, sie wahrnehmen, ihre gute Energie spüren und sie direkt ansprechen, wenn es um unsere Wünsche geht. Wir können uns das so vorstellen: Lichtwesen und Engel sind immer um uns herum. Wenn ich auf die Straße schaue, dann sehe ich nicht nur all die Menschen dort, ich sehe auch die Lichtwesen und Engel, die sie umgeben. Mal sind es ganz viele, mal weniger. Sie lassen uns niemals hängen, sind immer für uns da und handeln unabhängig davon, ob wir an sie glauben oder nicht. Der einzige Unterschied ist, dass die Menschen, die an Engel glauben, ein Gefühl von inniger Dankbarkeit empfinden, weil sie die Zusammenhänge anders deuten können und ein Gefühl dafür bekommen, dass alles, was geschieht, zu ihrem Wohl geschieht. Sie haben das Wissen, dass wir getragen werden und dass alles, was geschehen soll, ohnehin geschieht.

Katharina: Was passiert denn, wenn jemand nicht an die Existenz von Engeln glaubt und demzufolge seine Lichtwesen auch nicht beachtet ...

Sabine: Dann bleiben sie trotzdem an der Seite dieser Person und wirken weiterhin. Sie ziehen sich einfach zurück, handeln aber doch immer in ihrem Sinne. Wenn ein Engel erscheint, dann brauchen wir uns nicht zu erschrecken und müssen keine Angst haben. Wir stellen einfach den Kontakt her, indem wir ihn begrüßen, uns einlassen und zum Beispiel sagen: „Lieber Engel, wie schön dass du da bist!" Dann stellen wir eine Frage, die uns am Herzen liegt. Wir können über eine Meditation direkt Kontakt zu dem Engel aufnehmen, ihn direkt ansprechen und ihn um etwas bitten. Dabei ist es wichtig, dass wir konkret wünschen und positiv formulieren. Wir können uns fragen, wie bereit bin ich, auf das zu hören, was der Engel sagt? Kann ich es annehmen? Wie realistisch kann ich damit umgehen, wie sehr kann ich mein Leben wirklich danach ausrichten? Oft sind es unsere unbewussten Prägungen, unsere Begehrlichkeiten und Ängste, die uns bei unserem Anliegen am meisten im Weg stehen und blockieren. Wenn unser Leben von Offenheit, Ehrlichkeit, Klarheit, Liebe und Mut bestimmt wird, dann ist alles im Fluss. Im Gegensatz dazu sind Hass, Neid und Wut große Blockaden, die uns beeinträchtigen können. Die größte Blockade aber ist die Angst.

Katharina: Und wenn man grundsätzlich offen ist, aber das Gefühl hat, dass man keinen Draht zur spirituellen Welt herstellen kann?

Sabine: Dann kann man sich einen „Dolmetscher" oder „Vermittler" suchen. Das ist die Funktion, die ich für viele Menschen habe. Ich bin eine Brücke zwischen den Welten, ich vermittle zwischen den Engeln, Lichtwesen und den Menschen und übermittle ihre Botschaften.
Wir sollten uns klar machen, dass es viele Möglichkeiten der Kontaktaufnahme gibt. Alles, was wir tun möchten, um unserem Engel etwas Schönes zukommen zu lassen, ist wunderbar. Eine Kerze anzünden, einen Blumenstrauß hinstellen, einen bestimmten Schmuck tragen mit dem Bewusstsein, dass das unsere Engelkette

oder unser Engelring ist, der uns daran erinnert, dass sie für uns da sind und uns, wenn wir diesen Gegenstand berühren, stärken und mit guter Energie versorgen. Wir können uns ein schönes Bild von einem Engel hinstellen oder auch eine Engelkarte ziehen.

Katharina: Sind Engelkarten so ähnlich wie Tarotkarten?

Sabine: Ja, wir stellen uns im Geist die Frage, die uns gerade wichtig ist. Was beschäftigt mich und worauf brauche ich eine Antwort? Wir fragen, welcher Engel steht gerade vor meinem Fenster und was möchte er mir mitteilen, welche Botschaft hat er für mich? Dann zieht man eine Karte und kann im beigefügten Buch nachlesen, was gerade in dem entsprechenden Moment wichtig ist. Dann ist es ganz wesentlich, genau hin zu spüren. Achtsam sein, Vertrauen haben und dann kann die eigene innere Stimme zur Stimme des Engels werden. So lernt man nach und nach, die Sprache der Engel zu verstehen und ihre Zeichen zu deuten.

Katharina: Wie sehen denn die Zeichen der Engel aus?

Sabine: Engel geben uns Klarheit. Wir müssen einfach nur Vertrauen haben. Unsere innere Stimme ist im Grunde die Stimme der Engel. Durch unsere Intuition zeigen uns die Engel den Weg, der für uns richtig und passend ist. Unser Bauchgefühl ist unsere ganz tiefe Wahrheit, das heißt, wir müssen lernen, darauf zu hören. Wenn wir die Engel fragen, wie wir eine bestimmte Entscheidung treffen sollen, dann geben sie uns eindeutige Hinweise. Und dann ist es wieder an uns, dass wir Vertrauen haben, dass das genau die richtige Entscheidung sein wird. Sie warnen uns auch vor ungünstigen Einflüssen. Wir können dann die Engel um Hilfe bitten, dass sie uns den richtigen Weg in dieser Angelegenheit weisen, damit alles zu unserem höchsten Wohle geschehen kann. Unser Engel schickt uns eine Warnung vor negativen Einflüssen. „Pass auf! Sei wachsam und halte dich an die Spielregeln!" Engel warnen uns ganz deutlich vor Situationen, vor Menschen und ungünstigen Faktoren, die sich uns in den Weg stellen werden. Es gibt ganz klare Grenzen, die uns die Engel auferlegen und die verlaufen immer da, wo Handlungen moralisch unsauber werden, das heißt, wo beteiligte Menschen geschädigt werden. In meinen nächtlichen Meditationen bekomme ich eindeutige Aussagen, die ich dann an die Menschen weitergeben kann, die mich um Rat fragen. Das sehe ich als meine Aufgabe an. Wenn ich dann meine Patienten anrufe und sage, dass ich ihnen empfehlen würde, das Projekt nicht jetzt und nicht mit der entsprechenden Person umzusetzen, dann sind sie oft ganz ungläubig und irritiert, weil die Engel doch vorher gesagt hätten, dass das Vorhaben positiv sei. Ich weise dann noch einmal darauf hin, dass das zwar stimme, dass man aber trotzdem den richtigen Zeitpunkt und die richtigen Personen beachten müsse.

Manchmal hören sie nicht auf diese Warnungen und beschweren sich nach einigen Jahren, dass meine Hinweise nicht zum Ziel geführt haben. Es ist problematisch, wenn die Menschen sich auf den Weg machen, ihn nur halbherzig gehen und sich am Ende bei mir beklagen, dass alles Humbug war. Es ist so wichtig, dass wir nicht nur die Hinweise der Engel wahrnehmen, sondern auch auf ihre Warnungen hören, ihre Auflagen beachten. Es ist ein bisschen wie mit dem Kleingedruckten in Verträgen: Sich auf den spirituellen Weg einlassen bedeutet eben auch manchmal, dass es unbequem und anstrengend wird, wenn wir weiterkommen und uns weiterentwickeln möchten. Die Engel helfen uns immer in unserem Sinne, aber sie befreien uns nicht von unserer Verantwortung! Wir müssen Entscheidungen treffen und Schritte gehen, eine fatalistische Haltung hilft uns da nicht weiter. Wenn man sich auf den achtsamen spirituellen Weg in Engelbegleitung begibt, dann heißt das nun mal, dass man sich mit seinen Verhaltensmustern auseinandersetzen muss. Viele finden das anstrengend und fallen dann wieder in das Gewohnte zurück, weil sie das gut kennen. Leider verhindern sie so Fortschritte und blockieren ihre persönliche Weiterentwicklung. Das ist auch nicht schlimm, ich finde es nur problematisch, wenn diese Menschen sich dann beklagen, dass meine Behandlung nicht gewirkt hat und dass es ja doch keine Engel gibt. „Bitte bleibt einfach bei *euch*!" sage ich oft zu meinen Patienten. „Redet euch nicht damit heraus, dass euer Partner das nicht mitmacht, der Chef euch nicht unterstützt und die Kollegen das nicht erfahren dürfen."

Wenn mir jemand sagt, dass ihm das zu anstrengend ist und dass er zum Beispiel lieber Säurehemmer gegen seine Magenbeschwerden schluckt, anstatt etwas Grundlegendes an seiner Lebenssituation zu verändern, dann ist auch das völlig in Ordnung, weil es seine ureigene Entscheidung ist, die er nach seinem freien Willen getroffen hat.

Die Engel helfen uns, unseren Weg zu gehen. Sie helfen uns, das spirituelle Prinzip zu leben, das heißt, unsere Realität mit dem spirituellen Denken in Einklang zu bringen. Bei Themen, die man für sich selbst schlecht ergründen kann, dürfen wir die Engel um eine Eingebung bitten. Es werden die Anliegen erfüllt, die uns gut tun, die uns weiterbringen. Wir erkennen das nur oft nicht, weil wir in unserer Froschperspektive gefangen sind. „Auf die ein oder andere Krankheit, Kündigung, Trennung oder Enttäuschung in meiner Biographie hätte ich auch verzichten können", mag jetzt mancher einwenden. Ich sage: „Nein, nicht wirklich, denn wodurch wurde spirituelles Umdenken in Ihrem Leben angeregt?" Jedenfalls nicht durch die leichten und unbeschwerten Phasen. Wir können uns immer wieder aufs Neue prüfen, wie weit wir in unserem bedingungslosen Vertrauen schon vorangekommen sind. Die Engel erfüllen uns den Wunsch, an den wir bereit sind zu 100 % zu glauben.

Katharina: Wenn ich meine Intuition als Sprache der Engel verstehe, wie kann ich dann üben, klarere Entscheidungen zu treffen?

Sabine: Wichtig ist, dass wir unsere Entscheidungen in Harmonie treffen und innerlich eine positive Einstellung zu unserem „Ja" oder unserem „Nein" haben. Wenn wir zum Beispiel keine Lust haben, ins Kino zu gehen, unser Partner aber so gerne möchte und wir uns dann entscheiden, aus Liebe zu ihm, mit ins Kino zu gehen, dann stellen wir durch diesen Schritt Einklang her. Wir lassen uns aus Liebe ein und schaffen so gute Energien.

Wir bekommen nur Probleme, wenn wir eine Entscheidung im Hass oder im Groll treffen. Auch wenn wir uns zu etwas zwingen („Ich muss heute noch zum Sport!"), dann bringt das immer schlechte Energien mit sich. Es ist unsere Aufgabe, unser Leben mit Spaß, Leichtigkeit und Freude zu leben.

Katharina: Engel und Lichtwesen sind also tatsächlich liebevolle Boten?

Sabine: Ich kann nur empfehlen, dass man es zumindest einmal ausprobiert. Es ist mir ganz wichtig, dass sich jeder bewusst macht, dass er mit den Engeln kommunizieren kann, dass er sie direkt ansprechen kann und sie sowieso immer an seiner Seite hat. Es gibt ein paar grundsätzliche Weisheiten, die ich meinen Patienten mitteile, wenn sie sich auf den Weg mit den Engeln begeben. Diese sind ganz wesentlich dafür, dass ihr Leben gut funktioniert und im Fluss bleibt:
Werden Sie nicht arrogant und hochmütig!
Bleiben Sie sich selber treu!
Handeln Sie ehrlich und aufrichtig, schaden Sie niemandem!
Dienen Sie, um (Geld) zu verdienen! (Wenn ich mich wirklich für etwas engagiere, weil es mir am Herzen liegt, dann hilft mir das Verdienen bei meinem persönlichen Wachstum.)
Überprüfen Sie, welche wahren Werte Ihnen wichtig sind und richten Sie Ihr Leben danach aus!
Streben Sie nicht danach, Reichtum um jeden Preis zu leben, sondern schauen Sie, ob es für Sie in der entsprechenden Lebenssituation stimmig ist!
Es hat einen Grund, dass wir uns diese Zeit und diesen Ort für unser Leben ausgesucht haben, also sollten wir bestimmte Regeln und Gesetze, die in dieser Zeit herrschen, akzeptieren und unsere Ängste loslassen. Es ist alles im Überfluss vorhanden. Wir dürfen

Vertrauen haben, dass jeder Tag für sich selbst sorgen wird und uns öffnen für die segensreichen Gelegenheiten, die sich uns täglich bieten!

Katharina: Diese Gedankengänge muss man erst einmal auf sich wirken lassen. Wir haben erfahren, was Hellsichtigkeit bedeutet und mit welchen Techniken du sie anwendest. Jetzt stellt sich für mich mehr denn je die Frage, wie du spirituelles Leben siehst und wie es mit unserer Realität in Einklang gebracht werden kann ...

Sabine: Darauf gehen wir im nächsten Exkurs ein.

EXKURS: Die spirituellen Zusammenhänge unseres Daseins

Sabine: Ich bin davon überzeugt, dass es einen universellen Plan gibt. Ein übergeordnetes Ganzes, dem unser Leben hier unterstellt ist. Alles, was hier und heute geschieht, hat seinen Sinn. Dabei geht es nicht um Bewertungen von „gut" oder „schlecht". Es geht darum, dass alles, was wir tun und auch alles, was wir nicht tun, Konsequenzen hat. Ich bin allerdings ebenso davon überzeugt, dass das höchste Gut, mit dem wir Menschen hier ausgestattet sind, der freie Wille ist. Wir allein entscheiden, was wir tun und was wir lassen möchten. Es liegt vollkommen in unserer Hand, ob wir Dinge tun, die sich gut anfühlen oder Dinge, die sich schlecht anfühlen, ob wir uns dem Ärger, dem Neid und dem Hass hingeben oder versuchen, Freude, Liebe und Frieden zu leben und in die Welt hinauszutragen. Auch hier geht es wieder nicht darum, die Dinge zu bewerten. Es ist wichtig, dass jedem klar ist, dass er ganz allein über sein Leben entscheidet, dass er aber auch für alles die Verantwortung trägt.

„Was wollen Sie?" und „Wie wollen Sie es?": Das sind die Fragen, mit denen sich jeder meiner Patienten auseinandersetzen muss, wenn er mit Beschwerden oder einem Wunsch nach Veränderung zu mir in die Praxis kommt. Jeder hat es in der Hand, jeder kann das Steuer in seinem Leben in eine andere Richtung lenken, denn jeder ist sein eigener Chef und jeder trägt die Verantwortung für sein Glück in den eigenen Händen. Aber was heißt das genau? Welche Konsequenzen hat das für Ihr tägliches Denken und Handeln?

> „Achte auf deine Gedanken, denn sie werden deine Worte, achte auf deine Worte, denn sie werden deine Taten, achte auf deine Taten, denn sie werden dein Schicksal."

(Aus dem Talmud)

Immer und überall, egal was wir tun, bewegen wir uns zwischen den Polen von „Gut" und „Böse". Wenn wir uns nach einem friedvollen, freudvollen, leichten und glücklichen Leben sehnen, dann müssen wir darauf acht geben, dass wir Gutes tun und Gutes denken.

Wenn wir uns bewusst dafür entscheiden, dass wir uns nur auf der Seite des Guten bewegen, dann ist unser Leben im Fluss. Wenn wir uns bewusst entscheiden, klar zu kommunizieren und geradeheraus zu handeln, dann werden wir spüren, dass unser Leben funktioniert, weil wir es zulassen. Aber was heißt das genau? Bei „Gut" und „Böse" geht es nicht um Kategorien, mit denen wir Dinge bewerten. Es geht darum, dass wir liebevoll denken und aus Liebe handeln und allein unsere Intuition weiß, ob wir das wirklich tun.

Das erfordert natürlich eine Bereitschaft zur Selbstreflektion. Man kann sich nicht auf den sonst so üblichen Standardthesen über das Leben ausruhen wie „Schule nervt immer", „Männer ticken anders", „Die Welt ist schlecht" oder „Geld ist immer knapp". Man sollte stattdessen alles, was einem geschieht, was einen zum Nachdenken bringt oder für Irritationen sorgt, anschauen und neugierig sein, wie sich das Leben gestaltet, wenn man sich für diese spirituelle Dimension öffnet. Wenn wir Spiritualität zulassen, dann bringt das unser Leben in Fluss, es wird leichter und freudvoller.

Katharina: Wie aber kann man ein spirituelles Leben führen, wenn der Alltag von so vielen Aufgaben, Anforderungen und Ansprüchen geprägt wird?

Sabine: Für mich steht fest, dass wir uns unser Leben selbst machen. Wir machen es uns leicht oder wir machen es uns schwer. Natürlich gibt es Situationen, die nicht leicht sind, aber es liegt in unserer Macht, sie ins Leichte zu wenden, in dem wir sie akzeptieren. Mir ist es wichtig, an dieser Stelle zu betonen, dass ich auf gar keinen Fall die Krisen des Lebens bagatellisieren möchte.

Es ist furchtbar, wenn wir einen geliebten Menschen verlieren. Es ist schockierend, wenn wir vom Arzt unerwünschte Diagnosen erhalten. Mir ist klar, dass es nach solchen Einschnitten einfach nur darum geht, Wege zu finden, weiterhin mit dem Leben klarzukommen und es für sich neu und anders zu gestalten. Ich habe die Erfahrung gemacht, dass es Menschen nach einer Phase des Schmerzes und der Trauer leichter ergeht, wenn sie diese Schicksalsschläge akzeptieren, Trauer und Traurigkeit in ihr Leben einbauen und ihnen Raum geben und nicht in eine lähmende Opferhaltung verfallen.

Abgesehen von diesen extremen Schicksalsschlägen, die immer im Einzelnen betrachtet werden sollten, gibt es aber drei wesentliche Prinzipien, damit unser Leben stimmig und beglückend sein kann:
Freude statt Frust
Vertrauen statt Angst
Intuition statt Grübelei.

Ich stelle immer wieder fest, dass mein Lebensglück darin besteht, dass ich die Dinge tue, die mir Spaß machen. Ich esse und trinke, was mir gut tut und was mir schmeckt. Ich höre die Musik, die mir gefällt, ich sehe die Filme, die mich ansprechen und ich trage die Kleidung, die ich schick finde.

Ich kann alles positiv sehen, auch wenn mir andere sagen, dass ich mit meinem Geschmack und meiner Meinung zu den Dingen „völlig falsch" liege. In meinem Weltbild gibt es kein „richtig" oder „falsch", es gibt lediglich „anders".

Katharina: Was meinst du denn mit „Freude statt Frust"?

Sabine: Dass Menschen wieder mehr Wert auf Spaß, Genuss und Freude legen sollen. Interessant ist es, dass viele Menschen regelmäßig Dinge tun, zu denen sie gar keine Lust haben, die ihnen keine Freude bereiten. Eine Frau erzählte mir vor Kurzem, dass sie noch in die Stadt müsse, um ihr Opernabo zu verlängern. Sie geht nicht in die Oper, weil es ihr Spaß macht, sie geht in die Oper, weil es einem gesellschaftlichen Status entspricht, weil man einfach in die Oper geht, wenn man zeigen möchte, dass man gebildet und kulturell interessiert ist. Eigentlich spürt diese Frau, dass sie keine Lust hat, entscheidet sich aber gegen eben diese Bauchstimme und weiß schon im Voraus, dass sie sich mit den Opernabenden im kommenden Jahr nichts Gutes tun wird. Mit meiner Frage, warum sie sich das antue, möchte ich ihr ihre Beweggründe bewusst machen. Wie kann sie so massiv gegen das eigene Gespür arbeiten?

Tennis spielen, golfen, shoppen, Perlenketten aufziehen und Hefezöpfe backen: Das sind alles Dinge, die wir für unsere Seele tun können. Wir sollen und wir dürfen Spaß daran haben! Wenn uns aber diese Dinge keinen Spaß machen, dann können wir sie einfach lassen, weil sie keinerlei andere Bedeutung haben. Es geht nicht darum, nur die wichtigen Dinge in den Fokus zu nehmen, sondern eben auch die schönsten Nebensachen der Welt auszuleben, weil die unserem Dasein Farbe geben. Wir sollten einfach darauf achten, dass wir uns ausleben. Ich finde es so bedrückend, wenn Menschen zum Sport gehen und das einzige, was für sie zählt, Leistung ist. Sie rennen und schwimmen mit verkniffenem Gesicht und gehen abends frustriert nach Hause, weil das Handicap auf dem Golfplatz nicht passt. Noch schlimmer sind die Eltern, die am Spielfeldrand sitzen und ihre Kinder triezen, weil sie in der vierten Minute noch kein Tor geschossen haben.

Ein anderes Beispiel sind Beziehungen: Wenn sich die Menschen mehr Zeit und Bewusstheit für ihre intuitive Wahrnehmung nehmen würden, dann würden sie spüren, ob ihre Beziehungen sie glücklich machen, sie stärken und nähren oder ob die Beziehung eigentlich am Ende ist und sie nur noch dabei sind, eine Fassade aufrecht zu erhalten. Ihr Kopf hat dann oft noch einige Argumente parat, warum man auf jeden Fall zusammen bleiben oder unbedingt noch länger im Verein bleiben muss, aber der Bauch hat schon längst eine andere Gewissheit.

Katharina: Ich würde jetzt mal behaupten, dass hier das totale Chaos ausbrechen würde, wenn alle nur noch auf ihr Bauchgefühl hören würden. Die rationalen Strukturen geben uns immerhin auch die Sicherheit, die wir brauchen, damit unser Alltag funktioniert.

Sabine: Das denke ich gar nicht. Ich bin davon überzeugt, dass die Menschen offener füreinander wären, dass sie aufeinander zugehen und sich viel besser verstehen würden. Wenn wir uns erlauben, intuitiver zu leben, dann wäre die Art, wie ich meine Patienten behandele auch nicht mehr so außergewöhnlich.

Wenn jemand kommt und sagt, ich habe mir in der Kantine den Magen verdorben, die anderen haben aber alle nichts, dann muss man einfach hinterfragen, was der Magen demjenigen sagen möchte. Und im Gespräch erarbeiten wir dann, dass der Magen schon seit Wochen rebelliert, weil der Mann so ungern zu seiner Arbeitsstelle geht. Oder umgekehrt: Eine Frau erzählte mir, dass es ihr immer gut gehe, wenn sie arbeite oder auf Geschäftsreisen sei, aber sowie sie ihr Zuhause betrete, gehe es ihr schlecht. Die Menschen wissen das alles, wenn sie ihrem Bauchgefühl nur etwas mehr Vertrauen schenken würden …

Katharina: Kann man das lernen? Wie geht das genau, auf seine Intuition zu hören? Denn so einfach ist das doch häufig nicht …

Sabine: Einfach ist das häufig tatsächlich nicht, wenn man sein Leben aus einem anderen Blickwinkel, nämlich vor diesem spirituellen Hintergrund betrachtet, dann sind oft entscheidende Neuausrichtungen und Änderungen nötig, damit das Lebensschiff auf Kurs gehalten werden kann. Man sollte öfter hinschauen, wo man sich das Leben unnötig schwer macht. Es ist gut, wenn man öfter mal die Lebenskarten neu mischt und genau überprüft, welche Veränderungen jetzt gut und sinnvoll wären. Natürlich macht man auch manchmal Sachen, die nicht hundertprozentig dem eigenen Bauchgefühl entsprechen. Man sollte dann aber für sich klar haben, dass man sein eigenes Bedürfnis einem anderen Ziel unterordnet. Dass es also in dem Moment wichtiger ist, dass das Projekt vorangetrieben wird, als dass ich die Kollegin anstrengend finde. Oder dass ich es genießen kann, meinen Mann zum Tennisspiel zu begleiten, unabhängig davon, ob er Chancen auf einen Sieg hat, allein weil es schön ist zu sehen, mit wie viel Spaß er bei der Sache ist.

Man sollte betrachten, wie gerade die Lebenssituation ist und wie man die äußeren Bedingungen an die Lebenssituation anpassen kann. Nicht umgekehrt. Das bedingt aber, dass die Menschen anfangen, sich selber zu achten und zu lieben. Das einzig entscheidende Kriterium ist, was sie möchten. So können sie einen Raum schaffen für ihre eigenen tiefen Bedürfnisse.

Alles was wir hier in diesem Leben vorfinden, all den Luxus, all den Überfluss dürfen wir annehmen, wir dürfen uns erfreuen und ohne schlechtes Gewissen genießen. Wir leben hier und jetzt in dieser Zeit, in dieser Gesellschaft und wir haben sämtliche Möglichkeiten, uns in alle Himmelsrichtungen zu bewegen und zu entwickeln. Ich kann mich entscheiden, ob ich als Punk leben möchte oder als Lehrer, als Verkäufer oder als Politikerin, je nachdem, wie es meiner Seele und meinem tiefsten Inneren entspricht.

Katharina: Jetzt aber mal zum nächsten Punkt: Vertrauen statt Angst ist jawohl auch leichter gesagt als getan …

Sabine: Wir spüren meistens genau, wann es Zeit für eine Veränderung ist. Und dann zögern wir und zaudern, haben Angst, sind unsicher und wissen nicht, wie wir es anstellen könnten und wo der Weg zum Glück genau entlang läuft. Was wir jetzt brauchen ist unser VERTRAUEN in das Universum und somit auch in die Sache selbst. Erst dann kann unser Mut in Erscheinung treten, damit wir den ersten Schritt gehen können. Unser Bauchgefühl zeigt uns den Weg und unsere Aufgabe ist es, bewusst zu entscheiden und zu klären, wie wir uns entscheiden und warum! Welche Entscheidung entspricht meinem Naturell? Was ist stimmig? Was traue ich mir zu? Natürlich ist es auch wichtig Ängste und Befürchtungen zu untersuchen, aber sie dürfen nicht unreflektierter Motor einer Entscheidung sein. Man kann sie wahrnehmen und sie akzeptieren und dann danach handeln, aber sich nicht lähmen lassen und sich ihr unterwerfen.

Katharina: Wie steht es denn mit dem berühmten unguten Gefühl, das einen in bestimmten Situationen beschleicht? Woher weiß man denn, wann Angst eine Blockade und wann eine Warnung ist?

Sabine: Jetzt wird es tatsächlich etwas schwierig. Ich würde sagen, dass man mit seiner Angst in Klausur gehen sollte. Sich Zeit nehmen, um zu hinterfragen, was für eine Angst das genau ist. Ist es ein altes Muster? Oder gibt es tatsächlich etwas Bedrohliches oder etwas, das sich für mich oder andere nachteilig auswirken kann und vor dem ich hier gerade gewarnt werden soll. Das ist wieder eine Entscheidung, die nur jeder selbst für sich herausfinden kann, indem er bereit ist, sich seinem tiefsten Inneren zu stellen und genau hinzuspüren.

Katharina: Jetzt fehlt nur noch der Aspekt „Intuition statt Gedanken-karussell" ...

Sabine: Viele Menschen verbringen ihre Zeit damit, Dinge in Gedanken immer wieder durchzugehen, ohne dass sie tatsächlich ins Handeln kommen. Grübeln bringt uns aber in den meisten Fällen nicht weiter. Erst wenn wir uns auf unser Bauchgefühl verlassen, wird sich in unseren Gedanken und in unserem Handeln eine Klarheit einstellen, die uns weiterbringen wird, denn wir bekommen vom Universum eindeutige Hinweise, ob unser Handeln stimmig ist oder nicht.
Meine Aufgabe ist es häufig, die Menschen an ihre innere Weisheit zu erinnern. Wenn ich etwas sage, dann fragen sie mich oft, woher ich das weiß. Ich habe mir dieses Wissen nur bewahren dürfen,

aber grundsätzlich hat jeder Zugang zu diesem universellen Wissen und zwar über seine Intuition. Er muss es nur zulassen.

Katharina: Ist denn dieses Zulassen der Intuition das, was du mit „Spirituellem Sein" meinst?

Sabine: Mir ist es wichtig, zu betonen, dass Spirituelles Sein NICHT bedeutet, keine Schmerzen zu haben oder keine Unsicherheiten und Zweifel zu kennen. Spirituelles Sein bedeutet, anders damit umzugehen.
Spirituelles Sein bedeutet auch nicht, dass wir uns alles gefallen lassen müssen. Wir müssen uns nicht von anderen belügen, betrügen, demütigen oder „über den Tisch ziehen" lassen. Für mich bedeutet Spirituelles Sein vielmehr, dass man bewusst wahrnimmt. Verändert sich etwas, wenn ich davon ausgehe, dass Engel und Lichtwesen unser Leben begleiten? Wenn ich daran glaube, dass es keinen Zufall gibt? Spirituelles Sein bedeutet, sich regelmäßig Zeit zu nehmen. Für sich, für die Meditation, für ein gutes Essen, für Bewegung, für Schlaf. Zeit zu nehmen, um zu spüren, Zeit zu nehmen, um wirklich zuzuhören.

Katharina: Bist du davon überzeugt, dass sich so tatsächlich etwas ändern könnte?

Sabine: Die Probleme unserer Zeit und unserer Gesellschaft liegen doch auf der Hand: Zappelige Kinder, die schon in der Grundschule unter enormem Druck stehen, eine rasant ansteigende Scheidungsrate oder Menschen, die entweder ausgebrannt oder arbeitslos sind. Viele alte Menschen werden vergessen und stehen am Rand der Gesellschaft. Es wird höchste Zeit zum Innehalten und zum Umdenken! Viele spüren das deutlich und arbeiten daran, etwas zum Guten zu verändern, eine andere Richtung einzuschlagen und andere Schwerpunkte in ihrem Leben zu setzen.

Katharina: Hast du denn konkrete Ideen, wie das Leben leichter werden kann und freudvoller, wie man Veränderungen tatsächlich auch umsetzen kann? Wie kann man lernen, der eigenen Kraftquelle Intuition zu lauschen, dem eigenen ganz individuellen Draht, den jeder und jede von uns zum Universum hat?

Sabine: Auch dazu fallen mir drei Dinge ein:
Seien Sie achtsam und spüren Sie die unterschiedlichen Facetten des Lebens!
Lernen Sie, den universellen Funken in diesem Moment zu entdecken und seien Sie dankbar!
Machen Sie sich auf die Suche nach dem Schönen!

5. Zurück zum Glück

5.1 Anders denken über die Arbeit – Dienen um zu verdienen

Katharina: Manchmal stelle ich mir vor, wie es wäre, wenn die Jugendlichen heute die Schule beenden und sich trauen würden, den Beruf zu erlernen, der ihnen Spaß macht, losgelöst von den Vorstellungen der anderen, zum Beispiel der Eltern. Wie wäre das Leben in unserer Gesellschaft, wenn mehr Menschen morgens gerne und beschwingt ins Büro gehen und nachmittags erfüllt und dynamisch wieder nach Hause kommen würden. Ich stelle mir vor, wie es wäre, wenn die Menschen im Team gewertschätzt würden und auf Augenhöhe arbeiten könnten und wenn Arbeit ein harmonischer Bestandteil des Lebens sein kann, der neben Familie und Freizeit existiert. Spaß, Freude, Leichtigkeit garantiert. Wir dürften alle das tun, was wir am besten können, was uns Freude macht und was uns lächeln lässt.

Sabine: Ich bin der Meinung, dass wir umdenken müssen, was unser Verhältnis zur Arbeit angeht. Unsere Gesellschaft krankt auch an der Art und Weise, wie wir mit dem Thema Arbeit umgehen. Auf der einen Seite stehen Millionen Arbeitslose, die nicht wissen, welchen Sinn sie ihrem Leben geben können. Auf der anderen Seite stehen Millionen von ausgebrannten, überforderten Menschen, die jeden Tag aufs neue gegen ihre Grenzen angehen, zahllose Überstunden machen und gegen diverse psychosomatische Beschwerden ankämpfen, die ihnen eigentlich zeigen sollen, dass sie ihre Zeit mit der falschen Tätigkeit verbringen. Außerdem gibt es tausenden Menschen, die innerlich gekündigt haben, die sich gemobbt fühlen und permanent unter Druck stehen, weil sie den beruflichen Anforderungen nicht mehr gewachsen sind.

Katharina: Vor einiger Zeit wurde eine Studie veröffentlicht, die besagte, dass jeder vierte Arbeitnehmer in Deutschland innerlich gekün-

digt hat und dass das die Volkswirtschaft Milliarden kostet. Oder eine andere Studie, die sich um das sogenannte „Doping am Arbeitsplatz" dreht und ergab, dass zwei Millionen Deutsche schon einmal leistungssteigernde Medikamente genommen haben, um Stress und Druck am Arbeitsplatz standzuhalten. Unglaublich.

Sabine: Ich habe viele Patienten, die unter ihrer Arbeitssituation leiden. Egal ob Angestellte, Selbstständige oder Beamte, Freiberufler oder Künstler: Sie klagen über Themen wie Druck, Mobbing, permanenten Stress und häufig darüber, dass die zunehmende Bürokratisierung unseres Alltags dazu führt, dass sie immer mehr von ihrer ursprünglichen Arbeit entfremdet werden. Statt mit Kindern zu spielen und Experimente durchzuführen, verbringt eine Erzieherin immer mehr Zeit damit, Anträge, Gutachten und Formulare auszufüllen.

Ich frage dann immer: „Warum verbringen Sie so viel Zeit Ihres Lebens mit einem Beruf, der Ihnen keinen Spaß macht? Was würde Ihnen so richtig Spaß machen?" Ich habe festgestellt, dass wir alles, was wir gern und mit Leidenschaft machen, auch automatisch gut machen und dann stellt sich dadurch der Erfolg ein.

Katharina: In Zeiten von Arbeitslosigkeit und Hartz IV haben natürlich viele Existenzängste und sehen die Arbeit als Broterwerb, der mit Selbstverwirklichung nichts zu tun hat.

Sabine: Doch, jeder sollte genau den Beruf ausüben, der ihn erfüllt. Es geht mir darum, dass sich die Menschen ihre Situation so gestalten, dass sie glücklich sein können. Ein Bekannter von mir ist Iraner. Er ist Lehrer und Musiker, arbeitet hier aber als Busfahrer und ist ein fröhlicher, kreativer Mann, der froh ist, dass er mit dem Job seine Familie ernährt und dass er abends in einer kleinen Band spielen und Musik machen kann. Die Menschen müssen nach außen kommunizieren und nach innen an ihrer Haltung arbeiten. Und wünschenswert wäre, dass ihr Anliegen bei ihren Kollegen und Vorgesetzten auf offene Ohren und auf ein respektvolles wertschätzendes Herz trifft.

Ich habe einen Patienten, der krankt gerade daran, dass er einen Versetzungsantrag gestellt hat, weil er sich beruflich verändern möchte. Er befindet sich innerhalb einer Behörde in einem Bereich, der sich für ihn nicht richtig anfühlt und er könnte sich in einem anderen Bereich viel besser einbringen und mit einem Gefühl von Stimmigkeit seine Arbeit tun. Nun hatte er über andere gehört, dass sein Antrag abgelehnt wurde, nicht, weil man ihn auf der neuen Stelle nicht haben möchte, sondern, weil man ihn auf der alten Stelle nicht gehen lässt. Angeblich sei er dort der einzige, der die Materie beherrsche.

Katharina: Was für ein Armutszeugnis: Wenn er morgen tot umfällt, bricht dann die gesamte Behörde zusammen?

Sabine: Ich glaube, dass hier und heute so viel Frust entsteht, weil viele Menschen über ihre eigenen Empfindungen hinweggehen. Und selbst wenn sie diese wahrnehmen und den Mut haben, sie zu kommunizieren, dann stoßen sie im Außen, bei ihren Vorgesetzten oder Kollegen an die Grenzen des „Gefühle zählen doch nicht". Fest steht: Über Empfindungen kann man nicht diskutieren! Ich sage meinen Patienten immer, dass sie doch mal den Mut haben sollen, solche Schritte offen und ehrlich anzusprechen und für sich Veränderungen durchzusetzen, anstatt morgens regelmäßig mit Unwohlsein ins Büro zu gehen. Menschenfreundliches Verhalten muss im Grunde in allen Arbeitszusammenhängen selbstverständlich sein. Wenn wir vertrauensvoll miteinander reden, vor allem darüber, was oder wie wir FÜHLEN, dann können wir gemeinsam Schritte erarbeiten, die Veränderungen ermöglichen, die für alle harmonisch und realisierbar sind. Viele Menschen arbeiten in hierarchischen Strukturen und fügen sich dort widerwillig ein, anstatt zu schauen, wie sie ihre Kompetenz und ihre Kreativität einbringen können. Führungspositionen sollten nicht zu Machtpositionen werden. Es sollte in erster Linie um gegenseitige Verantwortung und Loyalität gehen und um ein sinnvolles und erfolgreiches Miteinander.

Im Falle meines Patienten könnte man erarbeiten, dass er einen anderen Kollegen in die Materie einarbeitet und erst in drei Monaten die Stelle wechselt. Man könnte seine Arbeit wertschätzen und ihn in Frieden gehen lassen. Aber nein, da ist es wichtiger, dass Machtstrukturen ausgespielt werden und dass sich die Menschen lieber selber verwalten, als nach konstruktiven Lösungen zu suchen.

Katharina: Heißt das, dass wir fortan selig lächelnd über die Flure laufen und mit der rosaroten Brille alles ausdiskutieren, bis wir es für uns schön geredet haben und unsere Arbeit zu einem vollkommenen Harmonietempel geworden ist?

Sabine: Man sollte sich klar machen: Wenn der Spaß an der Sache überwiegt, dann kommt man dahin, dass man die Dinge, die man eher lästig findet, trotzdem macht und zwar mit einer anderen inneren Haltung. Denn ich entscheide mich, die Schwierigkeiten als Teil des Ganzen zu betrachten, dessen positive Anteile überwiegen. Und so wird die Grundeinstellung zum Beruf ausgewogener.

Katharina: Also durch die innere Haltung das äußere Erleben verändern?

Sabine: Ja, das gilt auch für die Menschen, die sich schon mit 50 hinsetzen und sich ausrechnen, wie viele Jahre sie noch arbeiten müssen. Sie sparen sich ihr Leben bis zur Pensionierung auf und steuern auf ein Ziel zu, von dem sie gar nicht wissen, ob sie es je erreichen werden. Sie kommen oft nicht auf die Idee, wirklich im Hier und Jetzt zu leben, heute mal ganz spontan ins Kino zu gehen, nächste Woche in Urlaub zu fahren oder ihr Geld für irgendetwas Tolles auszugeben. Diese Menschen wissen gar nicht mehr, wie sie Spaß haben können, weil sie ihr Leben auf Eis gelegt haben. Und wenn sie dann plötzlich in zehn Jahren ohne Job sind, dann werden sie feststellen, dass sie das ganz neu lernen müssen und dass sie eigentlich auch schon in den letzten 65 Jahren hätten leben können. In meiner Praxis gibt es schon sogenannte ‚Pensionärstage'. Da kommen die Menschen, die pensioniert wurden und jetzt plötz ich Zeit haben, sich mit ihrem Körper und mit ihren Bedürfnissen auseinanderzusetzen, die sie in den letzten Jahrzehnten immer vernachlässigt haben.

Ich finde es bedrückend, zu erleben, wie sich Menschen in ihrem Job selber verwalten, anstatt zu schauen, wie sie ihre Arbeit gut und gerne machen können, in ihrem Sinne und auch im Einklang mit den Anforderungen, die ihre Arbeitsstelle mit sich bringt. Ich sage zum Beispiel einem Anwalt: „Freuen Sie sich doch mal auf ihre Mandanten und deren Anliegen!" Wenn ein Anwalt seinem Mandanten sagen würde: „Wie schön, dass Sie angerufen haben. Jetzt entspannen Sie sich, seien Sie ganz beruhigt, wir werden schon gemeinsam eine Lösung für Ihr Problem finden. Ich freue mich auf jeden Fall, dass Sie zu mir kommen." Da würde sich für diesen Anwalt doch emotional die Welt verändern, von seiner Einstellung zur Arbeit mal ganz zu schweigen.

Katharina: Viele Menschen arbeiten aber unter so hohem Druck und leiden unter den hierarchischen Strukturen. Arbeit und Status sind in unserer Gesellschaft häufig so große Egothemen, dass ich behaupten würde, dass es wirklich schwierig ist, die eigenen Befindlichkeiten einzubringen.

Sabine: Ich sage ja, wir alle müssen umdenken, von der Managerin bis zum Putzmann. Das einzige, was zählen sollte, ist ein würdevolles und respektvolles Miteinander auf Augenhöhe. Letztens lernte ich bei einem Abendessen einen Mann kennen, der von sich sagte: „Ich bin in der glücklichen Lage, dass ich in meiner Firma eine exponierte Stellung innehabe." Ich habe ihn dann gefragt, ob das für ihn bedeutet, dass alle anderen, die keine exponierte Stellung haben, unglücklich sein müssen. Was soll diese Aussage bedeuten? Darf er Mittagspause machen so lange er möchte? Darf er den anderen sagen, was sie tun sollen? Darf er Dinge tun, die die anderen nicht dürfen und fühlt er sich damit wohl? Ich würde das nicht tun. Es ginge gegen mein Freiheitsdenken, wenn ich Dinge tun würde, die die Menschen, mit dener ich arbeite, nicht tun dürften.

Ich habe ihn gefragt, wie groß der Druck unter seinen Mitarbeitern sein muss und er war sich auch nicht zu schade zu erzählen, dass er, wenn er früher geht, kurz vor 16 Uhr noch einmal anruft, um zu kontrollieren, ob seine Mitarbeiter noch am Platz sind. Natürlich muss er feststellen, dass einige schon gegangen sind und darüber regt er sich fürchterlich auf. Ist die Katze aus dem Haus, tanzen die Mäuse auf dem Tisch, sagte er. Ja, wunderbar habe ich geantwortet, das machen sie doch nur, weil sie Angst vor der Katze haben. Wenn die Mäuse keine Angst vor der Katze haben müssten, dann könnte man fünf Minuten zusammen tanzen, um dann motivierter und fröhlicher weiterzuarbeiten. Er guckte dann etwas abschätzend und meinte, ich hätte jawohl das Harmoniedenken in mir und damit könne man ja heutzutage auch nicht mehr weit kommen.

Wie schlimm, wenn sich jemand in einer Stellung befindet, die er als exponiert bezeichnet, diese ausnutzt und auch noch glaubt, er hätte das nicht anders verdient. Ich finde auch Chefs und Führungskräfte müssen ihren Beitrag für das Gesamtwohl leisten. Auch sie müssen dienen, um zu verdienen. Für ein gutes Betriebsklima ist es wichtig, dass sich alle gleichwertig fühlen. Es steht niemandem zu, den anderen zu bewerten oder sich über ihn zu stellen.

Meiner Meinung nach sollte es die Aufgabe der Menschen in sogenannten exponierten Stellungen sein, ein gutes Betriebsklima zu schaffen und bei der nächsten Mitarbeiterversammlung mal zu fragen: „Was tue ich eigentlich für euch?" Mir persönlich ist es enorm wichtig, dass die Menschen, mit denen ich arbeite, wissen, dass ich mich für sie interessiere. Wenn ich das Gefühl habe, dass es jemandem im Team nicht gut geht, dann soll der unbedingt erst einmal nach Hause gehen, um sich auszukurieren. Das ist alles eine Frage der wertschätzenden, wohlwollenden und respektvollen Kommunikation. Wenn man offen und ehrlich miteinander ist, dann gibt es immer eine Lösung, die für alle hilfreich ist. Das Problem in unserer Gesellschaft ist bloß, dass die Menschen alles persönlich nehmen und zwar negativ persönlich. Sie haben bei den kleinsten Kleinigkeiten das Gefühl, dass ihnen jemand etwas Böses will. Ich weise immer darauf hin, dass die Menschen üben sollten, die Dinge im Positiven persönlich zu nehmen.

Katharina: Was heißt das?

Sabine: Persönlich sind die Dinge, die einen wirklich selbst betreffen und um die sollte man sich kümmern. Mein Gesprächspartner sagt mir doch etwas über seine persönlichen Gedanken und seine Bedürfnisse, und ich kann das bei ihm lassen und schauen, was das mit mir macht. Wenn sich jeder ab und zu fragen würde, wie er sich mit seinen Fähigkeiten und Begabungen am besten in dieser Gesellschaft einbringen kann, was ihm am meisten Freude bereiten würde und worin er einfach richtig gut ist, dann hätten wir viel weniger Menschen, die wegen ihrer Arbeitssituation frustriert sind. Das würde allerdings auch bedeuten, dass wir unseren Kindern das Träumen erlauben, wenn sie nach der Schule ins Leben durchstarten möchten. Wie viele melden sich für ein Jura- oder ein BWL-Studium an, in der Hoffnung, mit den entstehenden Jobmöglichkeiten viel Geld verdienen zu können. Wie bedrückend, dass es schon so weit gekommen ist, dass das für viele junge Menschen das ausschlaggebende Kriterium ist. Wir sollten unseren Kindern vorleben und sie darin ermutigen, dass sie sich fragen dürfen, wie sie ihre Talente, ihre Leidenschaft und ihre Begeisterung am besten zum Wohle aller einbringen können. Denn nur so können sie sich selbst und anderen einen guten Dienst erweisen.

5.2 Anders denken über die Finanzen – Geld möchte eine Bestimmung haben

Katharina: Stellen Sie sich vor, wie es wäre, wenn genug Geld da wäre. Sie haben immer genug Geld. Es gibt keinen Mangel. Für die Dinge, die Sie zum Leben brauchen, die Ihnen wichtig sind und die Sie sich wünschen. Denn Geld ist bloß Geld. Scheine und Münzen, Zahlen auf dem Kontoauszug.

Sabine: In unserer Gesellschaft ist Geld für viele schon fast zu einem der einzigen Werte verkommen. Sein oder Nichtsein, Geld haben oder nicht haben. Das entscheidet scheinbar über Glück und Unglück. Es scheint so zu sein, als ob es auf der einen Seite die Menschen gibt, die immer zu wenig Geld haben und auf der anderen Seite die Menschen, die enorm viel Geld zur Verfügung haben, es aber nicht verstehen, damit ein glückliches Leben zu führen.
Ich bin davon überzeugt, dass wir erst begreifen müssen, dass wir dienen, um zu ver-dienen. Erst dann bekommt Geld wieder die Bedeutung, die es eigentlich hat. Geld ist lediglich ein Tauschmittel, ein Gegenwert für Energie, Arbeit und Leistung. Geld an sich ist nichts, lediglich Papier und Metall und das, was wir seit einigen Jahren und Jahrzehnten daraus machen, wird immer mehr zum echten Problem für den einzelnen und für die Gesellschaft als Ganzes. Deshalb hängt unser Umgang mit Arbeit unmittelbar mit unserer Einstellung zum Geld zusammen. Ich finde es wichtig, dass jeder, egal, welche Tätigkeit er macht, den Sinn in seiner Arbeit erkennt und sie bewusst ausübt und nicht die Zeit totschlägt, damit das regelmäßige Gehalt überwiesen wird. Für mich gibt es einige grundlegende Wahrheiten in Sachen Geld: Man muss dienen, um zu verdienen.

Katharina: Was meinst du mit „dienen"?

Sabine: Dienlich sein, hilfreich und freundlich. Egal, welchen Beruf man ausübt, man kann immer durch Kleinigkeiten einen Unterschied machen. Wenn man freundlich und achtsam bei der Sache ist, dann ist die Arbeitszeit für einen selbst viel angenehmer und für die Menschen, denen man dient, sowieso. Dienen bedeutet, den Menschen mit den eigenen Kenntnissen aus dem entsprechenden Arbeitsbereich weiterzuhelfen. Und auch, dass sich jeder klar macht, dass er mit seinem Wissen, seiner Art und seinem Handeln einen großen Einfluss auf den einzelnen und auf die Gesellschaft ausübt.

Ich bitte die Engel immer, dass sie *die* Menschen zu mir schicken, denen ich helfen kann und für die ich genau die richtige Ansprechpartnerin bin. Man kann die Engel bitten, dass sie einen unterstützen und aufzeigen, wo genau man dienen kann, um zu verdienen. Geld muss immer eine Bestimmung haben. Es ist also wichtig, Geld sinnvoll einzusetzen, es mit Freude auszugeben und sich und auch anderen etwas Gutes zu tun. Man sollte Geld nicht aus Frust ausgeben. Ich behaupte, dass man immer so viel Geld hat, wie man wirklich braucht.

Katharina: Und was ist mit den Familien, die nicht wissen, wie sie mit dem Geld, das beide mit ihren Jobs verdienen über die Runden kommen sollen ...

Sabine: Für die ist es an der Zeit für einen umfassenden Kassensturz. Wofür ver-brauchen wir unser Geld wirklich und was genau möchten wir damit tun? Viele Menschen leben aus dem Gefühl heraus, dass sie sich doch auch einmal etwas gönnen wollen und geben dann Geld aus, dass sie eigentlich gar nicht haben. Unterschwellig belasten sie sich aber mit dieser Anleihe, weil es auch eine energetische Anleihe ist. Man muss seine Ansprüche der finanziellen Situation anpassen, damit man entspannt leben kann. Man muss verzichten üben und ganz bewusst für sich entscheiden, wie wichtig einem bestimmte Dinge sind. Ich habe eine Patientin, die sich fast gar nichts kauft. Sie spart alles für zwei mal zwei Wochen Thailand pro Jahr. Das ist ihre Entscheidung, ihr Ziel und ihre Freude und damit ist sie glücklich und hat nicht jeden Tag das Gefühl, dass sie sich etwas von den Lippen abspart.

Katharina: Ich habe den Eindruck, dass so viele Menschen in unserer Gesellschaft über ihre Verhältnisse leben, weil sie sich einem bestimmten Status unterordnen und nach außen einen Schein aufrechterhalten wollen.

Sabine: Ich habe es häufig mit Menschen zu tun, die sehr in ihrem Statusdenken gefangen sind. Es geht bei ihnen um aufgesetzte Dinge, die gar nichts damit zu tun haben, was sie im tiefsten Herzen bewegt. Sie fahren in Urlaub an einen bestimmten Ort, nicht, weil es sie dorthin zieht, sondern weil es schick ist und sich beim Erzählen gut anhört und weil es vor Ort auf jeden Fall ein Fünf-Sterne-Hotel gibt. Ich würde ihnen wünschen, dass sie sich frei machen können von diesem Statusdenken. Ihnen sollte klar sein, dass man auf einer Wanderung durch den Harz genauso innige und beglückende Momente erleben kann, wie bei einer Reise nach Hongkong oder auf die Malediven. Darüber denken manche Menschen noch nicht einmal nach. Sie wollen zeigen, dass sie genug Geld haben. Sie haben eine große Wohnung, ein Haus mit Garten, zwei Autos und ein Pferd und das alles nicht, weil es sie glücklich macht und sie sich dafür begeistern können, sondern weil es zu ihrem Status dazugehört. Im Grunde geht es aber auch hier wieder darum: Wie möchten Sie denn wirklich wohnen? Welches Auto oder auch wie viele Autos möchten Sie tatsächlich fahren? Welche Hobbies machen Ihnen richtig Spaß? Richten Sie sich Ihr Leben doch so ein, wie es Ihnen gefällt. Setzen Sie Prioritäten und wenn Sie aus tiefstem Herzen im Golfclub sein möchten und dann nicht mehr genügend Geld für die Maledivenreise übrig ist, dann könnten Sie einfach über eine Radtour an der Ostsee nachdenken. Diese Dinge frage ich meine Patienten und wenn spürbar ist, dass die Menschen viel Geld für ein Haus und einen Garten ausgeben, weil es ihr Ein und Alles ist, üppige, duftende Rosen zu züchten und zu pflegen und sie davon tief beglückt sind, dann ist das etwas völlig anderes, als wenn man ein Haus mit Parkanlage hat, nur weil man einem bestimmten Status entsprechen möchte. Viele Menschen fragen sich leider gar nicht mehr, ob ihnen das Leben, das sie führen, Freude macht oder ob sie sich nicht vielleicht doch zum Trommelworkshop in der Volkshochschule anmelden sollten. Für viele bedeutet ihr Status ein Verfallen in eine Starrheit und wenn man da mal nachhakt, dann verschließen sie sich häufig, weil sie spüren, dass sie an einen Punkt kommen, an dem sie über sich und ihre Lebensart nachdenken müssen.

Katharina: Wie kann es denn gelingen, dass man nicht in die Status-falle tappt?

Sabine: Man sollte sich bewusst Zeit nehmen, um sein Leben grundsätzlich zu hinterfragen. Status bedeutet immer, dass man dem, was andere über einen denken könnten sehr viel Raum ein-räumt. Man sollte sich nur auf sich selber konzentrieren und dann die einzelnen Aspekte seines Lebens hinterfragen. Ich habe das gerade am eigenen Leib zu spüren bekommen: Als ich im letzten Jahr einen Bandscheibenvorfall hatte und ins Krankenhaus musste, hatte ich genug Zeit zum Nachdenken. Ich habe es als Hinweis ver-standen, dass ich mein Leben und die Strukturen neu überdenken soll. Auch in meinem Leben läuft eben nicht immer alles rund und auch ich werde von den Engeln mit Schmerzen und körperlichen Symptomen darauf hingewiesen, wenn ich etwas Grundsätzliches verändern muss.
Dabei bin ich zu dem Entschluss gekommen, dass wir unser Haus verkaufen müssen. Es fühlte sich für mich nicht mehr richtig an, dort zu wohnen. Ich wollte diese ganzen Verpflichtungen nicht mehr, meine beiden Kinder sind erwachsen und gehen ihre eigenen Wege und dann wurde dieses Haus für mich und meinen Mann einfach zu groß und erfüllte seinen Zweck nicht mehr. Die ganze Zeit war dieses Haus unsere Insel, wo wir uns alle vier wohlgefühlt

und die meiste Zeit verbracht haben. Ich hatte Gelegenheit, mich zu fragen, mit was genau ich meine Zeit verbringen möchte. Ich möchte nicht mehr so viel Gartenarbeit und Reparaturen erledigen oder bezahlen müssen. Ich träume von einer gemieteten Wohnung, in der mein Mann und ich es gut haben können, ohne finanziell gebunden zu sein. Ich wollte viele organisatorische Dinge loslassen, um Platz für Neues zu schaffen. Wie möchte ich denn in den nächsten Jahren leben, wie kann ich glücklich sein.

Als ich es zugelassen habe, wurde mein Gefühl ganz deutlich: Unsere Zeit, in diesem Haus zu leben, war vorbei. Natürlich ist so ein Umbruch einschneidend, aber für uns war es stimmig, einfach weiterzuziehen. Zum Glück war auch mein Mann zu diesem Schritt bereit, so dass wir uns ganz in diesen Wandel hineingeben konnten. Die Phase, die dann kam war extrem turbulent. Hausrat auflösen, Haus verkaufen, eine neue Wohnung finden. Wir wurden vor viele Herausforderung gestellt aber letztendlich wohnen wir nun in einer gemütlichen Dachwohnung im Herzen Hannovers, mit Blick auf einen wunderschönen Park und das ist für uns zum jetzigen Zeitpunkt einfach perfekt.

Katharina: Wie sind denn die Menschen in deiner Umgebung mit dieser „Statusveränderung" umgegangen?

Sabine: Das war wirklich spannend! Einige Reaktionen waren „Oh nein, geht es euch finanziell gerade so schlecht? Könnt ihr euch das nicht mehr leisten?" Die Leute haben eben ihre Bilder im Kopf und entweder man bedient die oder man eckt an. Und wenn man Dinge tut, die nicht in die Statuskategorien der anderen passen und damit auch noch glücklich, zufrieden und in Harmonie ist, dann wird es schwierig, denn damit können die anderen oft nicht umgehen.

Unsere Freunde, die uns wirklich sehr nah sind, haben sich mit uns gefreut, dass wir uns bereit für etwas Neues machen. Ich kann dir versichern, dass mich *Status* überhaupt nicht interessiert. Und doch träume ich davon, Porsche zu fahren. Ich liebe schnelle Autos, einen Porsche finde ich einfach schön und daran könnte ich mich tatsächlich erfreuen. Aber nicht, weil ich glaube, dadurch zu einem interessanteren Menschen auf einem höheren Statustreppchen zu werden, sondern weil ich einfach gern Auto fahre. Auch gibt es eine Traum-Tasche, die mir einfach richtig Spaß macht. Ich tue das für mich und nicht, damit die anderen sehen, was für eine erfolgreiche Frau ich bin ... Das ist doch genau der Unterschied. Für mich ist das eine ganz andere Herangehensweise. Ich umgebe mich gern mit schönen Dingen und dann ist es mir tatsächlich gleichgültig, welches Markenlabel da drauf ist. Das ist für viele aber nicht nachvollziehbar.

Katharina: Nicht nachvollziehbar ist das eine und der Neid auf diese schönen Dinge ist bestimmt das andere oder?

Sabine: Neid ist meiner Meinung nach eines der verbreitetsten Gifte, mit denen wir es hier gesellschaftlich zu tun haben. Neid entsteht, wenn man sich zu sehr auf andere konzentriert und zu wenig bei sich ist. Wenn ich neidisch bin, weil jemand anders mehr Geld hat als ich, dann muss ich mich fragen, was er dafür getan hat oder dafür tut. Wenn man sich das ernsthaft fragt und überprüft, ob man selber bereit wäre, diesen Weg zu gehen, dann kommt man ganz schnell zu dem Schluss, dass die eigenen Verhältnisse relativiert werden.

Neid kann positiv sein, wenn man dieses leise, feine Stechen als Initialzündung für eine Veränderung sieht. Wenn ich jemanden um etwas beneide, dann kann das für mich ein Ansporn sein, dass ich mir das auch erarbeite. Ich muss mich immer wieder fragen, was hat der andere getan, um das zu bekommen und wäre ich bereit, dasselbe auch zu leisten oder zu investieren?

Katharina: Es scheint mir so, dass die Grundprinzipien des spirituellen Denkens und Lebens einfach sind. Aber alles erfordert immer so viel

„bei sich sein", „sich selber und sein Denken und Handeln reflektieren". Und das in unserer Gesellschaft, wo es an der Tagesordnung ist, sich zu beklagen und viele es eigentlich am liebsten haben, wenn sie irgendwem oder irgendetwas die Schuld an der eigenen Misere geben können ...

Sabine: Ja, mir ist klar, dass das ein großes Umdenken erfordert. Wir sollten uns immer wieder klar machen, dass wir Teil eines großen Ganzen sind, das bestimmten Gesetzmäßigkeiten unterliegt. Ich bin davon überzeugt, dass sich auch in Sachen Geld hier in unserer Gesellschaft einiges ändern wird. Wir werden nicht in die Armut oder gar in die Askese gehen, aber es wird sich Grundlegendes ändern in den nächsten Jahren. Wir gehen in eine andere Form von Reichtum und Wohlstand, wir werden hoffentlich ein neues Verständnis bekommen, das auf anderen Werten basiert und mehr mit ‚Zeit haben', ‚freie Entscheidungen treffen' und ‚Lebensqualität durch Gefühle und Genuss' zu tun haben wird. Wenn wir uns auf das Prinzip von „Leben und leben lassen" besinnen, dann könnte es sein, dass uns das gelingen kann.

In Sachen Finanzen gibt es auch noch das Gesetz des Gebens und Nehmens: Man kann zum Beispiel immer mit der Einstellung an die Dinge herangehen, dass man für sich den Schwerpunkt darauf legt, erst einmal zu geben. Wenn dann etwas zurückkommt, dann ist es wundervoll. Und dabei meine ich nicht nur Geben im materiellen Sinn. Also, wenn ich morgens zur Brötchenverkäuferin freundlich bin und sie mich dann auch anlächelt, dann hat es doch funktioniert. Besser, als wenn ich erwarte, dass sie gefälligst erst einmal freundlich zu mir sein soll, weil ich hier schließlich mein Geld lasse. Viele Menschen denken, bevor sie etwas tun erst einmal darüber nach, was sie denn davon haben könnten. Wenn ich meiner Freundin beim Tapezieren helfe, dann ist es ja ganz schön, dass wir danach noch grillen. Wenn ich meine Nachbarin zum Flughafen fahre, dann bringt die mir bestimmt etwas Schönes aus dem Urlaub mit. Und das führt das *universelle Prinzip des bedingungslosen Gebens in bedingungsloser Liebe* ad absurdum. So wird plötzlich aus einem Liebesdienst eine Arbeitsleistung. Ich diene meiner Freundin gern, ich kann mich mit ihr freuen, wenn ich heute Abend zuhause bin, dann habe ich etwas dazu beigetragen, dass sie es richtig schön hat. Früher sagte man oft, „Die Freude, die wir geben kehrt ins eigene Herz zurück" – das ist es, was ich meine. Es macht so froh, Dinge einfach mal zu tun und keine Hintergedanken dabei zu haben. Dann trifft man nämlich auch auf Menschen, die selbst Dinge für andere tun, ohne dafür einen Ausgleich zu erwarten.

Und mit dem Nehmen verhält es sich ähnlich. Viele Menschen können ganz schlecht Geschenke annehmen. Wer von uns kennt das nicht, dass man einen Blumenstrauß oder eine kleine Aufmerksamkeit mitbringt und der Beschenkte dann sagt „Ach, das wäre doch nicht nötig gewesen …" Das hinterlässt immer einen schalen Nachgeschmack. Die Freude, die liebevolle Geste, verpufft in Sekundenschnelle. Anstatt in dem Moment innezuhalten und die Freude zu spüren, da schenkt mir jemand etwas, da lädt mich jemand ganz spontan auf einen Kaffee ein. Manche Menschen müssen das richtig üben, sich einfach mal vom Leben etwas Gutes tun zu lassen und dann einfach ein aufrichtiges „Danke" zu sagen. Zu spüren, das ist alles, was ich tun muss: *Genießen und Danke sagen.* Es gibt so viele unterschiedliche Formen, wie Geben und Nehmen im Ungleichgewicht sein können. Menschen, die immer nur geben und geben, sich geradezu aufopfern, aber ganz schlecht in der Lage sind, etwas anzunehmen. Oder in Gegenzug Leute, über die man sagt „Die sind vom Stamme Nimm", die nehmen und nehmen und alles völlig blind konsumieren, oft ohne Sinn und Verstand und ohne das Wissen, was sie eigentlich damit tun wollen. Leute, die bei einer Haushaltsauflösung drei Kuchenformen mitnehmen, weil sie Zuhause erst vier haben und es ja sein kann, dass sie bei ihrer Goldenen Hochzeit doch sieben Kuchen parallel backen müssen. *Nehmen muss genauso bedacht und bewusst geschehen wie Geben.* Ich sage immer: Manchmal gehen die Menschen an das Leben heran wie an ein All-You-Can-Eat-Buffet. Sie haben einmal zwanzig Euro bezahlt und dann wird gegessen bis zum Umfallen, egal ob sie noch hungrig sind oder ob ihnen die einzelnen Gerichte schmecken. Mir war es schon immer wichtig, das auch meinen Kindern zu vermitteln.

Man sollte bei diesem Thema einfach achtsam sein. Wenn man einmal der Beschenkte ist, dann sollte man die Augen und das Herz offen halten und spüren, wo man das zurückgeben kann. Aus der inneren Haltung heraus, dass ich die Beschenkte bin, entsteht ein gefühlter Reichtum und plötzlich gerät einiges in Fluss. Ich habe es schon immer so gemacht, dass ich einen Teil meiner Einkünfte spende oder Menschen gebe, die ich persönlich kenne und die das Geld gut gebrauchen können. Das ist wie ein großes Dankeschön an das Universum für alle die Geschenke und Wohltaten, die ich tagtäglich von wem auch immer erhalten darf. Wenn man feinfühlig wird für das Thema Geschenke des Alltags, dann spürt man erst, wie reich man ist und wie viel man daraufhin selber zu geben hat. Der Blick für die kleinen Dinge und Freuden des Lebens ist der Abschied vom Mangelprinzip. Dankbarkeit ist das Tor zum Reichtum!

5.3 Anders denken über Krankheiten – Danke für den Hinweis!

Katharina: Wenn es um die Themen Krankheit und Gesundheit geht, dann ist es doch auffällig, dass wir in den meisten Fällen unseren Körper als völlig selbstverständlich hinnehmen. Er ist einfach. Viel zu selten machen wir uns klar, was für ein Wunderwerk er ist. Wie viele Millionen Vorgänge automatisch, ohne unser Zutun ablaufen. Jede Zelle weiß zu jeder Zeit exakt, was sie tun muss. Und wir müssen gar nichts tun. Vielleicht sollten wir häufiger dazu übergehen, unseren Körper wie einen wunderbaren Tempel wahrzunehmen und ihn zu ehren. Dankbar und demütig sein, dass er unserer Seele in diesem Leben ein Zuhause gibt. Wir sollten unseren Körper hegen und pflegen, damit das so bleibt.

Sabine: Und dann könnten wir auch lernen, dass körperliche Beschwerden kein Fluch sind, sondern ein Zeichen des Körpers, dass es an der Zeit ist, etwas zu verändern, um wieder ein Gleichgewicht herzustellen.

Häufig kommen Menschen in meine Praxis und haben Beschwerden, die medizinisch nicht erklärbar sind. Das beginnt mit Sehstörungen, Kopf-, Magen- oder Unterleibs-Beschwerden oder Rückenschmerzen. Sie zeigen mir ein neues Blutbild oder aktuelle Aufnahmen vom Kernspin oder CT und dann erzählen sie, dass die Ärzte nichts finden können. Ich schaue mir ihre Aura genauer an und sehe, was dem Menschen in diesem Augenblick auf den Magen schlägt oder was ihm an die Nieren geht. Wer oder was ist in der Aura zu sehen, der oder das mit diesem Leid zu tun hat oder es sogar (mit)verursacht hat?

Katharina: Was kann derjenige denn mit so einem Hinweis anfangen?

Sabine: Ich habe die Erfahrung gemacht, dass es einen direkten Zusammenhang gibt zwischen der Art, wie jemand lebt und den Beschwerden, die er hat. Ich erarbeite dann gemeinsam mit dem

Patienten, worum es bei seiner Erkrankung eigentlich geht, welches THEMA sich hinter den Beschwerden verbirgt.

Ängste und Krankheiten sind dazu da, um den Menschen darauf aufmerksam zu machen, dass er etwas ändern sollte, dass er das Glück und die Freude in seinem Leben wiederfinden muss und dass es seine Aufgabe ist, etwas zu tun, das ihm wirklich Spaß macht. Krankheiten sind ein Zeichen, dass uns die Engel und das Universum schicken, damit wir unsere Lebensumstände unter die Lupe nehmen und die Dringlichkeit für Veränderungen spüren. „Was tut Ihnen gut? Was macht Ihnen Spaß? Was essen Sie gern?" Das sind Fragen, die ich meinen Patienten stelle, denn im Grunde weiß jeder selbst genau, was für ihn gut ist. Die Intuition sagt es ihm, er muss nur lernen, hinzuhören und auf die Zeichen zu reagieren. Natürlich könnte ich mich auch hinsetzen und einfach sagen, was ich in der Aura sehe, aber wenn ich sage, dass er seinen Job aufgeben soll, weil der ihm nicht gut tut, dann würde das diesem Menschen in dem Moment nicht weiterhelfen.

Wir brauchen grundsätzlich die Erlaubnis zu einem intuitiven Leben. Wir müssen uns diese Erlaubnis selber geben, denn wenn wir gegen unsere Intuition handeln, dann schaden wir uns selbst. Krankheiten und körperliche Beschwerden sind immer Warnmeldungen unseres Körpers, unseres Geistes und unserer Seele. „Was soll ich denn bloß tun?" fragen meine Patienten dann oft und ich erwidere „Was möchten Sie denn tun? Welches Thema gehen Sie gerade nicht an? Und was genau könnte der erste Schritt sein? Mischen Sie doch mal Ihre Lebenskarten neu!" Und dann kommt meistens der Satz „Na, so einfach ist das alles nicht!" Doch! Im Grunde ist alles sehr einfach, wir müssen nur in Bewegung kommen und den ersten Schritt tun. Wenn wir Dinge verändern möchten, dann bekommen wir alle Unterstützung, die wir brauchen. Wir brauchen nur Mut und Vertrauen.

Katharina: Wo bekommt man denn Mut und Vertrauen her, wenn es einem sowieso schon schlecht geht?

Sabine: Mir ist wichtig, dass der Patient selber erkennt, dass jeder von uns Zugang zum Universum hat. Bei mir mit meinen besonderen Fähigkeiten ist es nur offensichtlicher, weil ich es nicht anders kenne, als die Kommunikation mit den Engeln und dem Universum völlig selbstverständlich zu führen. Jeder Mensch ist mit seinem individuellen Bauchgefühl, seiner Intuition ausgestattet. Deshalb können wir alle mit Engeln und mit dem Universum kommunizieren. Viele Menschen haben nur leider verlernt, hinzuhören, wenn sie einen Rat bekommen. Sie bekommen eine eindeutige intuitive Botschaft, schnell und klar, und zögern und zaudern oder entscheiden sich, dagegen zu handeln.

Richtig problematisch wird es vor allem dann, wenn die Menschen den Kontakt zu ihrer Intuition vollständig gekappt haben und auf alles in ihrem Leben wie eine Maschine reagieren. Auf die Anforderungen des Chefs, des Ehemanns, der Kinder, der Leute im Sportverein, der Nachbarn. Wenn sie nur noch funktionieren, weil *man* das schließlich so macht und weil man ja schließlich seinen Chef auch nicht vor den Kopf stoßen kann.

In solch einem Fall hat das Universum nur noch eine Möglichkeit, um den Menschen wach zu rütteln und zwar mit körperlichem Unwohlsein, einem heftigen Symptom oder gar einer schweren Krankheit. Viele Menschen weigern sich, selbst solche „Aufforderungen zum Handeln" als Zeichen zu erkennen und anzunehmen. Anstatt sich also über unsere Beschwerden zu beschweren, sollten wir besser die Perspektive verändern und jedes Symptom als liebevoll gemeinten Hinweis des Universums verstehen.

Katharina: Glaubst du denn, dass man so Erkrankungen verhindern kann?

Sabine: Wenn sich die Menschen frühzeitig auf den Weg zu ihrem Arzt oder Heilpraktiker begeben, dann kann man erfolgreich prophylaktisch arbeiten oder wir haben eine große Chance durch kleinere, einfache Umstellungen im Leben eine große Wirkung zu erzielen, die auch zur Heilung der Symptome führen kann. Wenn man die tieferliegende Ursache einer Erkrankung auflöst, dann verabschiedet sich auch die Erkrankung. Wenn ich das Thema, das mich tatsächlich belastet, ausspreche, anstatt das immer wieder runterzuschlucken und nach und nach einen Kloß im Hals zu bekommen, dann kann ich vermeiden, eine chronische Halsentzündung zu bekommen. Wenn ich lerne, bestimmte Dinge, die ich nicht gern mache, nicht mehr zu tun, dann brauche ich auch keine Magenbeschwerden mehr. Wenn ich umdenken lerne und andere Affirmationen, also positive Gedanken in meinem Kopf und in meiner Kommunikation mit mir selbst zulasse, dann öffne ich mich für eine positive Energie, die es meinem Körper ermöglicht, sich von bestimmten Symptomen zu verabschieden.

Katharina: Trotzdem sind Veränderungen meistens eine große Herausforderung. Selbst wenn wir wissen, dass uns ein bestimmtes Verhalten nicht gut tut, fällt es uns oft trotzdem schwer, das zu verändern, weil wir so an unsere Strukturen gewöhnt sind. Manche Menschen haben große Angst vor Veränderungen und fragen sich, ob es überhaupt anders weitergehen kann. Sie bleiben in ihrem Job, weil sie Angst vor finanzieller Unsicherheit haben oder sie bleiben in einer unglücklichen Partnerschaft, weil sie Angst vor dem Alleinsein haben …

Sabine: Es wäre nicht gut, diese Menschen zu überreden, unbedingt die angebrachten Veränderungen vorzunehmen. Es gibt drei Möglichkeiten: Erstens: Jemand erkennt, dass er etwas an seiner Lebenssituation verändern muss und verändert es. Oder zweitens: Jemand erkennt, dass er unzufrieden mit bestimmten Dingen ist und arbeitet an seiner inneren Einstellung. Wenn es ihm gelingt, eine innere Zufriedenheit zu erreichen und auf diesem Weg wieder in Harmonie zu kommen mit dem, was er hat und wie er lebt, weil er in der Lage ist, seine Lebensumstände aus einem anderen Blickwinkel zu betrachten, dann ist das gut, weil seine Seele auch so wieder in Einklang kommen kann. Drittens: Jemand erkennt, dass es Handlungsbedarf gäbe, er entscheidet sich aber bewusst dagegen und akzeptiert seine Symptome. Auch das ist völlig in Ordnung, weil es seine ureigene Entscheidung ist, die er als eigenständiger aktiver Mensch trifft. Wichtig ist nur, dass er zu dieser Entscheidung steht. Wenn er sich seiner eigenen Verantwortung bewusst ist, dann kann er wieder mit seiner Situation im Einverständnis leben.

Katharina: Zum Glück gibt es schon viele Menschen, die ein bewusstes Leben führen, die sich sehr stark mit sich selbst und ihren Verhaltensmustern auseinandersetzen und versuchen, Veränderungen in Gang zu bringen.

Sabine: Das ist wunderbar! Das Wesentliche ist aber für alle und in allen Lebenslagen, den ersten Schritt zu wagen, egal wie klein und scheinbar unbedeutend er sein mag. In meiner Praxis gibt es die sogenannten „Ja, aber-Patienten". Sie haben einfach alles gemacht: Psychotherapie, Coaching, NLP, Familienaufstellungen. Sie haben viele Bücher gelesen und ganz viel unterschiedliches Handwerkszeug, um sich persönlich weiterzuentwickeln. Sie kommen dann zu mir, weil sie irgendwie nicht vorankommen. Das Problem ist aber nicht, dass sie nicht wissen, was sie tun sollen. Sie nutzen lediglich das Handwerkszeug nicht. Sie verstehen nicht, dass sie jetzt selbst aktiv werden müssen, dass sie Schritte in die Wege leiten müssen, damit etwas in Bewegung kommt und sich in ihrem Leben etwas verändert. Ich erzähle dann immer gern das Beispiel von dem Wohnzimmer, das renoviert werden muss. Einer kommt und stellt die neue Farbe in das Zimmer, der nächste bringt die Leiter und noch jemand die Abdeckfolie und den Pinsel. Dann wird die Tür zugemacht und nach zwei Wochen kommt man in das Zimmer und fragt sich, warum es nicht fertig gestrichen ist?!?
Das ganze Handwerkszeug der Leute muss doch mit Leben gefüllt werden, genau wie jemand die Dinge im Wohnzimmer anwenden muss, damit die Wände frisch gestrichen erstrahlen können. Egal,

was man diesen Patienten vorschlägt, sie haben immer etwas daran auszusetzen, warum diese Vorschläge für sie unmöglich umsetzbar sind. Sie haben zu wenig Zeit, zu wenig Geld, sind beruflich oder familiär zu stark eingebunden, der Garten ist zu groß, die Wohnung zu klein, die Freunde wohnen zu weit weg oder sie können unmöglich noch früher aufstehen. Das sind alles ganz willkommene Ausreden, warum sie auf keinen Fall etwas an ihrer vertrackten Situation ändern können. Ernährungsumstellungen kann sich doch niemand leisten und das Fitnessstudio ist auch viel zu teuer. Wenn sie zwei Kisten Cola wegließen, dann könnten sie für das Geld schon Unmengen Obst und Gemüse kaufen. Und niemand muss an teuren Geräten trainieren, wenn er auch einfach durch den Wald spazieren oder joggen kann.

Katharina: Wahrscheinlich beklagen wir uns doch lieber, als dass wir selber die Verantwortung übernehmen müssen …

Sabine: Zum Glück gibt es aber auch die Menschen, die Gesundheit, Zufriedenheit und Wohlstand als Zeichen dafür ansehen, dass sie ihr Leben im Einklang mit dem Universum leben. Sie genießen, sind fröhlich und leben so, wie es ihnen Spaß und Freude bereitet, ohne andere zu belasten oder ihnen sogar zu schaden. Leider werden genau diese Menschen wegen ihrer Leichtigkeit und ihrer Freude von anderen beneidet und kritisiert. Ich selbst erlebe es oft genug, dass mir vorgeworfen wird, ich hätte es ja auch immer leicht, so viel Glück wie ich in meinem Leben bisher gehabt habe. Ich habe auch eine Scheidung erlebt, war lange Zeit allein mit meinen beiden Kindern, musste erleben, wie meine Mutter starb usw. Zwei Bandscheibenvorfälle sind auch nicht gerade das, was ich als pures Glück bezeichnen würde. Aber ich habe einfach eine andere Sicht auf die Dinge. Ich sehe die Botschaft hinter diesen Ereignissen und dass sie alle in meinem Leben etwas bewirkt haben.

5.4 Anders denken über die Liebe – Bedingungslos heißt das Zauberwort

Katharina: Stellen Sie sich vor, Sie haben einen wunderbaren Partner an Ihrer Seite. Ihr Alltag ist geprägt von einer liebevollen Atmosphäre, Sie gehen achtsam und respektvoll miteinander um, haben ein gutes Maß an Reibung und Auseinandersetzung. Sie bekommen mit, wo Ihr Partner steht, was ihn bewegt und Sie haben das Gefühl, dass Sie sich ihm mitteilen können und dass er Sie versteht. Es gibt viel Leidenschaft und Zärtlichkeit, Innigkeit und Freiheit, Freundschaftlichkeit und Teamgeist ...

Sabine: Wenn man sich umschaut gibt es solche Paare leider viel zu wenig. Im Grunde fragt man sich doch häufiger, was ausgerechnet diese beiden Menschen miteinander verbindet? Es scheint eher so, als ob sich zwei Menschen zusammengetan haben, damit sie nicht allein sein müssen und in einer Art Zweckgemeinschaft vor sich hin- und nebeneinanderher leben.

Ich glaube, das größte Problem, warum Achtsamkeit für die Partnerschaft so sehr in den Hintergrund tritt, ist oft, dass sich die Menschen so sehr selber verwalten. Sie kommen nach Hause von einem Job, der ihnen keinen Spaß macht und dann müssen erstmal lästige Pflichten erledigt werden.

Anstatt mit dem Gefühl nach Hause zu kommen, ,Wie schön, da wartet jetzt mein Liebster oder meine Liebste auf mich', sind einige eher gestresst und genervt. Viele haben das Gefühl, dass sie alles selber erledigen müssen. Ich habe die Erfahrung gemacht, dass all die Dinge, die für eine lebendige Partnerschaft wichtig sind – Nähe, Vertrautheit, Innigkeit, Zärtlichkeit – leichter entstehen können, wenn lästige Pflichten delegiert werden. Wenn einmal die Woche eine Putzhilfe kommt, dann entsteht gemeinsame freie Zeit, deshalb sollte man gut überlegen, ob es diese Investition nicht wert ist. Dabei ist es so einfach, sich seinen Alltag schön zu gestalten. Ein liebevolles Ritual, wenn man von der Arbeit nach Hause kommt ist, dass man sich erst einmal eine Viertelstunde zusammen hinsetzt und eine Tasse Tee oder ein Glas Wein trinkt. Eine Kerze anzünden, ein paar Knabbereien hinstellen. So kann man den Feierabend einläuten, der Heimkehrende hat die Möglichkeit anzukommen und dann kann man gemeinsam überlegen, wie man den weiteren Abend gestalten möchte. Wer hat Lust einkaufen zu gehen? Wer holt die Kinder vom Schwimmtraining ab? In Ruhe Dinge besprechen, auf Augenhöhe Aufgaben verteilen und nicht völlig gehetzt eines nach dem anderen abarbeiten und um 22 Uhr das Gefühl haben, man ist sich nur wieder selbst hinterhergerannt. Dieses bewusste „Sich Zeit füreinander nehmen" birgt die Möglichkeit, den anderen anzuschauen und Freude aufkommen zu lassen darüber, dass er da ist.

Katharina: Tatsache ist aber nun einmal, dass der Alltag, gerade im Zusammenleben als Familie mit Kindern, ausgesprochen komplex ist. Wenn beide berufstätig sind, muss eben abends noch eine Menge erledigt werden.

Sabine: Aber fest steht auch, dass man sich aus vermeintlich unangenehmen Dingen eine schöne gemeinsame Zeit gestalten kann. So könnte man zum Beispiel die ganze Woche über die Unterlagen, die erledigt werden müssen, in einem Kasten sammeln und sich am Freitagabend verabreden, um mit einem leckeren Getränk gemeinsam alles zu beantworten, Rechnungen zu überweisen und alles abzuheften. Dann erledigt man es gemeinsam, beide haben Einblick und Überblick und man ist trotzdem entspannt zusammen. So kann man die Organisation des Familienlebens im Fluss halten und es mit einer positiven, harmonischen Stimmung verknüpfen, anstatt immer das „Wir müssen noch …!" im Nacken zu haben.

Katharina: Es ist eben wieder eine Frage der Achtsamkeit. Mir scheint es oft so, als ob der Partner oder die Partnerin als Blitzableiter für jeden Frust missbraucht wird und darüber die Themen vergessen werden, über die man sich wirklich auseinandersetzen sollte …

Sabine: Deshalb ist es erst recht in einer Partnerschaft wichtig, dass jeder bei sich bleibt, seine Bedürfnisse achtet, auf seine innere Stimme hört und sich erst dann an den anderen wendet. Natürlich soll in einer Partnerschaft nicht immer alles rosarot sein. Im Gegenteil: Ich finde Reibung und Auseinandersetzung enorm wichtig, damit die Liebe lebendig bleibt. Es ist doch viel schöner und erfrischender, wenn man auch Momente hat, wo einem der andere enorm auf die Nerven geht. Diese kleinen, feinen Momente, wo man sich fragt, warum man ausgerechnet diesen mürrischen, starrsinnigen Kerl in diesem geschmacklosen Karohemd geheiratet hat, bloß um dann zwei Atemzüge später zu spüren, dass das der Liebe keinen Abbruch tut.

Katharina: Aber reicht es denn, wenn man einige schöne Momente miteinander hat?

Sabine: Grundsätzlich wäre es natürlich wünschenswert, wenn *Liebe* die Basis einer Beziehung ist. Und um diese lebendig zu halten ist es wunderbar, wenn man sich selber immer wieder schöne Momente verschafft. Ich frage meine Patienten oft, wann habt ihr das letzte Mal miteinander geflirtet? Wann hattet ihr das letzte Mal ein Date mit eurem Partner? Und sie erwidern dann, dass sie sich doch ohnehin jeden Abend sehen würden. Schade denke ich, warum nehmt ihr nicht mal das schicke Kleid und die tollen Pumps mit zur Arbeit und schickt ihm eine SMS, dass ihr ihn um 18 Uhr in eurem Lieblingsrestaurant erwartet? Es ist herrlich eine bewusste Verabredung miteinander zu haben, anstatt immer abgekämpft mit fünf Einkauftüten nach Hause geschnauft zu kommen. Beide sollten sich dafür stark machen, dass es Romantik gibt und das passiert meistens mit Dingen, die den Alltagstrott durchbrechen. Egal, ob man Fußballkarten kauft, um mit ihm gemeinsam ins Stadion zu gehen, auch wenn man mit Fußball nicht so viel am Hut hat. Oder man packt einen Korb mit Leckereien und veranstaltet ein Sonnenuntergangspicknick am See. Oder man legt abends die CD mit der Musik auf, die an den ersten gemeinsamen Urlaub in der Toskana erinnert. Oder man besorgt für sie Kinokarten, weil der neue Film mit Brad Pitt angelaufen ist und man neidlos anerkennt, dass der toll aussieht. Jeder kann seiner Phantasie uneingeschränkt freien Lauf lassen, um dann festzustellen, wie schnell und wie einfach das Glück wieder Einzug erhalten kann.

Katharina: Du sagst, man soll auf seine Bedürfnisse hören. Aber wie kann ich einen schönen Abend im Stadion verbringen, wenn ich selber gar keine Lust auf Fußball habe?

Sabine: Das Schöne daran ist, dass man nicht alles toll finden muss, was der andere toll findet. Aber man kann sich einfach mal auf seine Welt einlassen. Man kann dem anderen zuliebe Dinge tun und sich trotzdem nicht verbiegen, weil man es der Liebe wegen tut und damit für sich selber wieder in Harmonie ist. Und wahrscheinlich wird man dann viel einfacher Dinge finden, bei denen beide ins Schwärmen geraten. Liebe braucht Kommunikation. Reden, reden und nochmals reden. Reden Sie doch einfach miteinander! Sagen Sie sich, was Sie schön finden und sagen Sie sich, was Sie nervt. Alle Gefühle sind erlaubt, nur nicht Gleichgültigkeit. Wenn sich erst einmal die Gleichgültigkeit eingeschlichen hat, dann wird daraus schnell Respektlosigkeit, Abneigung und Aggression. Das setzt allerdings voraus, dass beide bereit sind, über sich selbst, über den anderen und über den eigenen Anteil in der Beziehung nachzudenken. Wie erlebe ich mich? Wie erlebe ich den anderen? Wieso sieht mich der andere so? Hat er vielleicht sogar Recht mit seiner Einschätzung? Was macht das mit mir, diese Rückmeldung von meinem Partner zu bekommen, der mich so gut kennt, wie niemand sonst?

Katharina: Partnerschaft also als tägliche Achtsamkeitsmeditation?

Sabine: Ja, so stelle ich mir das vor. Liebe braucht einen achtsamen Umgang miteinander. Sich gegenseitig in die Augen schauen und spüren, wo der andere gerade steht. Sich fragen, was ich tun kann, um das Leben des anderen schöner zu machen. Und sich fragen, was ich mir von meinem Partner wünsche, damit er mein Leben schöner macht. Liebe ist Geben und Nehmen und es ist erlaubt, sich immer mal wieder zu fragen, ob man überhaupt noch zusammen sein möchte.

Katharina: Aber sollte ich nicht nachdenklich werden, wenn ich in bestimmten Phasen meine Beziehung grundsätzlich in Frage stelle?

Sabine: Ich glaube nicht. Es ist ein guter Schutz davor, sich immer als selbstverständlich hinzunehmen. Das ist zumindest die Botschaft eines Paares um die 80, das regelmäßig zu mir kommt. Die Frau erzählte, dass sie einige Phasen in ihrem gemeinsamen Leben hatten, wo sie sich gefragt haben, ob sie noch weiterhin zusammen bleiben möchten, ob sie noch zueinander passen und sich immer noch gegenseitig glücklich machen. Was gefällt dir nicht? Was gefällt mir nicht? So kann die Liebe lebendig erhalten werden. Und so kann man sich das Gefühl erhalten, dass man den anderen so richtig toll findet.

Katharina: Trotzdem ist der Alltag vieler Paare mit diesen ganzen kleinen Nervereien gespickt …

Sabine: Es ist wieder eine Frage der inneren Haltung, ob man sich von den kleinen Nervereien tatsächlich das Leben trüben lässt. Wir sollten versuchen, den anderen so zu nehmen, wie er ist. Es ist wundervoll, wenn es einem gelingt, die Andersartigkeit des anderen vollkommen zu akzeptieren und darin ein wichtiges Potenzial der Partnerschaft zu entdecken. Also: Ich profitiere doch sehr, wenn ich einen ruhigen, ausgeglichenen, geerdeten Partner habe, der mit meinen emotionalen Schüben und Temperamentsausbrüchen umgehen kann. Da muss ich mich doch nicht beschweren, dass er nicht so impulsiv ist wie ich. Auf der anderen Seite ist es schön, wenn der andere erkennt, dass es mein Schwung und meine Energie sind, die Bewegung in unseren Alltag bringen und nicht ständig zu mir sagt, dass ich ruhiger werden soll. Es ist doch herrlich, wenn man durch die Andersartigkeit des anderen an einer anderen Weltsicht partizipieren kann. Mein Mann erklärt mir, warum er die Dinge eher sachlich, rational, naturwissenschaftlich versteht und ich erkläre ihm, wie ich das aus spiritueller Sicht sehe. Das ist jedes Mal eine enorme Reibung, aber die ist so spannend und so bereichernd, dass wir stundenlang im Café sitzen oder am Strand entlang spazieren können, um auch nach 18 Jahren Ehe immer wieder neu über das Leben zu philosophieren. Frischer Wind muss von beiden Seiten in die Beziehung eingebracht werden. Und es sind oft Kleinigkeiten, mit denen wir dem anderen zeigen können, dass wir froh sind, dass es ihn gibt. Schauen Sie sich beim Begrüßungskuss in die Augen! Nehmen Sie alles bewusst wahr und geben Sie sich mal mit Haut und Haaren diesem Kuss hin, anstatt ihn nur flüchtig auf die Wange zu pusten. Oder bringen Sie Ihrer Liebsten morgens eine Tasse Kaffee ans Bett! Damit ist die Welt doch schon in Ordnung! Wenn man solche liebevollen Zeichen erhält, dann fühlt man sich genährt und gestärkt, dann kann kommen was wolle und man kann die Herausforderungen des Lebens gleich viel besser meistern.

5.5 Anders denken über die Kinder – Reisende, die nach dem Weg fragen

Katharina: In diesem Punkt sind sich wahrscheinlich alle einig: Kinder sind wunderbar! Na gut, manchmal ist das Leben mit ihnen anstrengend: Sie können auch nerven, wenn sie ihre Ohren auf Durchzug stellen, wenn sie kreischen und streiten, wenn sie bocken und herumzicken. Aber ansonsten, unterm Strich, sind sie wunderbar. Wenn man in leuchtende Kinderaugen schaut, dann kann man das große Glück spüren, das einem das Zusammenleben mit ihnen beschert und sofort stellt sich Demut und Dankbarkeit ein, dass man diese Wesen auf ihrem Lebensweg begleiten darf. Stellen Sie sich vor, Sie könnten sich und die Kinder als ein Team erleben, das den Alltag auf Augenhöhe lebt und meistert. Sie geben gut Acht auf sich und Ihre Bedürfnisse und wertschätzen gleichzeitig die Bedürfnisse Ihrer Kleinen. Ihr Zusammensein mit den Kindern ist geprägt von heiterer Gelassenheit und Klarheit. Ihre Kinder fühlen sich bedingungslos geliebt und bekommen von Ihnen vorgelebt, wie wundervoll und facettenreich das Leben sein kann ...

Sabine: Die Kinder von heute sind sehr besonders. Ich glaube, dass die steigende Zahl von verhaltensauffälligen Kindern ein deutliches Zeichen dafür ist, dass die Lichtwesen uns auf etwas aufmerksam machen wollen. Es ist die Frage nach dem *Sinn*, die sie uns mit jedem auffälligen Kind stellen. Was ist uns wirklich wichtig im Leben? Wo ist die Freude, wo ist der Spaß an den Dingen? Welches Kind hat denn heutzutage noch Spaß in der Schule? Der Druck steigt, alles dreht sich um Leistung und Zensuren, um bessere Abinoten und erfolgreichere Studienabschlüsse in noch kürzerer Zeit, damit man dann ein sogenanntes erfolgreiches Leben führen kann. Das ist das einzige Ziel, um die Frage „Wozu habe ich Lust? Wie kann ich meine Begabungen am besten einbringen?" geht es leider immer seltener.

Katharina: Du sagst, die Kinder von heute seien sehr besonders. Überall anders spricht man von verhaltensauffälligen Kindern, die zappeln und sich nicht konzentrieren können. Sie werden untersucht und getestet, bekommen schlimmstenfalls sogar Medikamente verordnet.

Sabine: Die Kinder von heute sind meistens ausgesprochen sensibel. Sie sind hochsensitiv für die Dinge, die vor allem zwischen den Zeilen in ihrer Umgebung geschehen. Nach außen hin spürt man nur, dass sie zappelig sind, sich auflehnen und sich nur schwer in feste oder gar rigide Strukturen einsortieren lassen. Ich denke, dass wir diese Kinder geschickt bekommen, damit uns klar wird, dass unsere alleinige Ausrichtung auf das „Größer-schneller-weiter" im Leben so nicht funktionieren kann. Die Indigokinder, die Sonnenkinder, die Mondkinder, die Kristallkinder oder wie auch immer die Kinder mit besonderen Fähigkeiten heute genannt werden, tauchen so vermehrt auf, damit wir ins Nachdenken kommen und etwas ganz Grundlegendes über das Leben verstehen. Ich sehe diese Kinder als Botschafter des neuen, tieferen Lebenssinns. Ihre Auffälligkeiten sollen uns daran erinnern, dass wir uns fragen, wo wir wirklich die Freude in unserem Leben finden können. Sie lehren uns ein anderes Bewusstsein für die Dinge. Wichtig ist nur, dass die Eltern das verstehen. Sie dürfen lernen, ihre Kinder anders zu betrachten, ihre Flügel zu spüren und ihre Weisheit. Eltern dürfen lernen, ihre Intuition zu gebrauchen, lernen, anders hinzuspüren und hinzuhören. Was braucht mein Kind gerade? Was kann ich ihm geben? Ich glaube, dass ein grundlegendes Rezept für den Umgang mit Kindern sein kann, sie einfach anders sein zu lassen. Seiner Intuition zu vertrauen, hinspüren, was sie brauchen und sich auch von ihrer Andersartigkeit, ihrem lebhaften Temperament faszinieren zu lassen. Ich habe es selbst erlebt, als ich meine beiden kleinen Kinder allein erzogen habe, dass es mir leichter fiel, wenn ich davon ausgegangen bin, dass sie in anstrengenden Momenten im Grunde eine Botschaft für mich haben. Für meine Kinder war mir immer wichtig, dass sie Spaß haben. Spaß am Leben, an der Schule, am Lernen. Es gibt so viele Möglichkeiten, das Leben zu genießen, da wüsste ich gar nicht, wieso ich sie zu irgendetwas zwingen sollte, nur weil man das angeblich so macht. Bei uns hat alles auch so ganz einfach und unangestrengt funktioniert. Und wenn meine Kinder zum Beispiel in der Schule Schwierigkeiten hatten, dann habe ich ihnen gesagt, dass sie sich auf das Fachliche konzentrieren sollen. „Was will euch euer Lehrer vermitteln? Um welche Inhalte geht es?" Vor den persönlichen Marotten der Lehrer konnte ich sie nicht beschützen, damit mussten sie schon selber klarkommen.

Katharina: Gibt es denn konkrete Tipps, die du Eltern mit auf den Weg gibst?

Sabine: Ich finde Ehrlichkeit und Klarheit sind im Umgang mit Kindern das Wichtigste. Sie spüren genau, ob man als Erwachsener authentisch ist und ob man das meint, was man sagt. Man muss klare Grenzen setzen und die immer genau erklären, damit sich die Kinder orientieren können. Ich finde es wichtig, dass Kinder das Gefühl haben, in ihrem Wesen und mit ihren Bedürfnissen ernst genommen zu werden. Deshalb sollte man alles transparent machen. Wieso sollen die Kinder nicht so viele Süßigkeiten essen? Wieso nicht stundenlang vor dem Computer sitzen, wieso nicht den spannenden Thriller gucken, den in der Klasse schon alle gesehen haben? Die Kinder sollen die Meinung der Eltern spüren, ihre Wertvorstellung verstehen und darüber miteinander ins Gespräch kommen. Dann können sie sich ausprobieren und die Grenzen ihres Handelns mit allen Konsequenzen erfahren.

Katharina: Ich habe das Gefühl, dass es heute in den Familien viele Konflikte im Bezug auf Finanzen und Konsumgüter gibt. Grundschüler laufen mit Markenklamotten herum, haben I-Phones und I-Pods und es gibt selten einen Wunsch, der nicht sofort erfüllt wird oder den die Kinder sich selber ersparen oder erarbeiten müssen. Für die Eltern, die oftmals beide arbeiten müssen, um diesen Lebensstandard zu erfüllen, erhöht das den Druck. Auch wieder eine Frage der Klarheit?

Sabine: Ich finde es wichtig, dass Eltern mit ihren Kindern offen über Geld sprechen. Diese können begreifen, dass die Mutter am Nachmittag nicht da ist, weil sie Geld verdienen möchte, damit es der Familie gut geht. Und dann kann man auch erklären, dass man das Geld nutzt, um am nächsten Nachmittag gemeinsam in den Zoo zu gehen. Das ist etwas Besonderes und es ist schön, wenn die Kinder das wert schätzen können und nicht davon ausgehen, dass es jedes Mal Pommes und Popcorn und Brezeln und ein Eis gibt und am besten am Ausgang auch noch ein Kuscheltier. Man kann den Kindern erklären, dass das toll ist, weil alle zusammen sind, weil man Gorillababies anschauen und die neue Baustelle auf dem Zoogelände begutachten kann. Am Ende ist sogar noch Zeit für den Spielplatz und als absolutes I-Tüpfelchen darf sich jeder eine Sache kaufen, also Pommes *oder* Popcorn. Da geht es immer nur um Klarheit. Klarheit ohne sich aufzuregen. Oft regen sich die Eltern schon darüber auf, dass die Kinder all diese Dinge haben möchten. Dabei ist das kein Wunder, so anregend, wie die Dinge im Zoo immer präsentiert werden. Ich als Erwachsener muss für mich geklärt haben, was ich möchte und was nicht und ich muss es auch für mich geklärt haben, dass ich meinen Kindern nicht jeden Wunsch erfüllen muss, auch wenn es mir aus welchem Grund auch immer schwer fällt. Ich darf „Nein" sagen und bin deshalb keine schlechte Mutter. Ich möchte nicht drei Euro für eine Flasche Wasser ausgeben, wenn ich in zehn Minuten zu Hause bin und man dort Leitungswasser trinken kann. Man kann den Kindern auch sagen, dass man das Geld einfach nicht ausgeben möchte. Kinder können dann die Erfahrung machen, dass es auch ohne all diese Dinge ein perfekter Nachmittag sein kann.

Katharina: Und doch werden die Kinder immer und überall ihre Grenzen austesten und doch noch versuchen, der Mama ein Eis abzuluchsen ...

Sabine: Ja natürlich, aber wenn sie dann mit der Klarheit der Eltern konfrontiert werden und spüren, dass sie so nicht weiterkommen, dann lernen sie doch auch. Als ich ungefähr 15 oder 16 war, hat mir mein Vater eine echte Lektion in Sachen Finanzen erteilt. Ich war in der Stadt, weil ich einen neuen Mantel haben wollte. In einem der teureren Kaufhäuser habe ich einen gefunden und die Verkäuferin gebeten, mir den Mantel zurückzuhängen, weil ich am nächsten Tag mit meinen Eltern kommen wollte, um ihn zu kaufen. Als ich nach Hause kam habe ich nicht zu meinen Eltern gesagt: „Ich habe einen Mantel gesehen und den hätte ich so gern, wäre es möglich, dass ihr mir den kauft?", sondern ich habe sie nur darüber in Kenntnis gesetzt, dass ich mir einen Mantel habe zurückhängen lassen. „Aha", sagte mein Vater, „aber du hast doch einen Mantel ..." Und ich habe meinem Vater dann einen Vortrag darüber gehalten, was einem als Kind so alles zusteht. Das hatten wir gerade in der Schule durchgenommen und weil ich meine rebellische Phase hatte, dachte ich, ich könne diese Argumentation anführen. Mein Vater lehnte sich nur seelenruhig zurück und schmunzelte. Am nächsten Morgen begrüßte er mich und sagte, dass er sein Geld so hart verdienen müsse, dass er mir jetzt für die Ferien einen Job organisiert hätte, damit ich mir den Mantel kaufen könne. Ein Bekannter meines Vaters hatte eine Firma in der Nähe von Hannover und ich musste jeden Morgen um fünf Uhr aufstehen, um mit der Bahn dorthin zu fahren. Mein Vater hatte ihm die Geschichte mit dem Mantel erzählt und gesagt, dass ich die Erfahrung machen müsste, wie es sei, Geld zu verdienen. Ich war im Betrieb schon morgens um zehn Uhr so müde, dass ich nur noch nach Hause wollte. Ich sollte Ablagen sortieren und Botengänge erledigen und habe dafür tatsächlich sehr, sehr wenig Geld bekommen. Als die Ferien zu Ende waren sagte mein Vater: „Na prima, dann kannst du dir ja jetzt deinen Mantel kaufen!" Worauf ich erwiderte „Du glaubst doch nicht, dass ich mein hart verdientes Geld für einen Mantel ausgebe." Von diesem Moment an habe ich nie wieder zu meinen Eltern gesagt, dass ich dieses oder jenes haben will. Ich hatte verstanden, dass sie arbeiten müssen, um unserer Familie all diese Dinge zu ermöglichen.

Katharina: Demut und Wertschätzung sind ja tatsächlich Fähigkeiten, die uns allen gut tun würden …

Sabine: Für Kinder sind sie aber besonders wichtig, damit sie die Bodenhaftung behalten. Sie sollten lernen, Sachen zu lieben und zu pflegen. Dinge zu achten und sich darüber zu freuen, dass sie diese Gegenstände besitzen dürfen. Freude an Dingen zu haben ist wertvoller, als einfach nur alles haben zu wollen oder ohne Dank anzunehmen.

Katharina: Also muss man als Eltern wieder bei sich anfangen und zuerst sich selbst hinterfragen, bevor man auf die Kinder losgelassen werden kann.

Sabine: Grundsätzlich ist es das allerwichtigste, dass die Kinder spüren, dass sie trotz aller Auseinandersetzungen, Streitigkeiten und Missgeschicke bedingungslos geliebt werden. Dass sie sein können, wie sie wollen und dass man in der Familie auch mal unterschiedlicher Meinung sein kann. „Seid wie ihr wollt, ich habe euch immer lieb", das ist die Botschaft, die alle Eltern in jeder Lebenssituation und sei sie auch noch so extrem, für ihre Kinder haben sollten. Erziehung ist ein Dauerauftrag und der gelingt nur, wenn man als Mutter oder Vater auch und vor allem auf sich und seine Bedürfnisse Acht gibt. Für mich war das mit meinen Kindern so, dass mir diese zwei Wesen anvertraut wurden und dass ich immer wieder schauen soll, was sie gerade brauchen. Auch in diesem Punkt bin ich der festen Überzeugung, dass sich jede Mutter zu 100% auf ihr Bauchgefühl verlassen kann. Sie weiß intuitiv, was ihre Kinder brauchen und kann dann im Abgleich mit ihren eigenen Bedürfnissen schauen, was sie tun kann, damit alle zusammen eine schönene Zeit haben können.

5.6 Anders denken über die anderen – Was du nicht willst, das man dir tut …

Katharina: Stellen Sie sich vor, Sie haben eine kleine, feine Gruppe von Freunden, die Sie schon seit Jahren kennen, mit denen Sie durch dick und dünn gegangen sind und die mit Ihnen durch dick und dünn gehen. Es gibt Nähe und Distanz, Sie können sich ausheulen und Sie können unendlich viel Spaß miteinander haben. Die Freundschaften werden geprägt von tiefem Vertrauen, Wertschätzung und bedingungsloser Zuneigung …

Sabine: Fest steht, dass Freunde unser Leben prägen. Wir erinnern uns an die seligen Momente unserer Kindheit, wo wir gemeinsam im Wald Buden bauten, die neuesten Streiche ausheckten und zum ersten Mal eine Radtour ohne Eltern planten. Wir erinnern uns auch, wie uns die eigentlich beste Freundin vor den anderen wegen des neuen T-Shirts bloßstellte oder wie wir als Feigling hingestellt wurden, nur weil wir nicht bei der irrsinnigen Mutprobe mitmachen wollten. Freunde bescheren uns schöne und schwierige Erinnerungen und sie fordern uns immer wieder heraus. Schon als Kinder können wir mit Freunden wachsen. Mit ihnen können wir streiten und feilschen, ihnen können wir unser Herz ausschütten und über das Leben philosophieren. Sie kennen unsere Träume und Ideen, wissen was uns nervt und worum wir uns Sorgen machen. Mit Freundschaften sind immer große Hoffnungen verbunden und große Sehnsüchte. Wir wünschen uns, auch von unseren Freunden bedingungslos akzeptiert und geliebt zu werden.

Katharina: Spannend ist es, zu betrachten, wie man eigentlich an seine Freunde gekommen ist. Wieso ist es gerade diese Frau, die ich seit der Grundschulzeit kenne, die alles über mich weiß? Wieso freunden wir uns manchmal mit Menschen an, die wesentlich älter oder jünger sind als wir selbst und spüren, dass das Alter keine Rolle spielt? Und wieso lacht mich während des Studiums mit Hunderten von Kommilitonen eben diese Frau an, mit der ich seitdem so innig verbunden bin?

Sabine: Manchmal ist Freundschaft wie ein Feuerwerk: Es ist tatsächlich so, als ob es zwischen zwei Menschen funkt. Man sieht jemanden und man fühlt sich sofort zu ihm hingezogen, empfindet diese Sympathie, diese Neugierde darauf, wer dieser Mensch ist und wie er lebt. Man sitzt zum ersten Mal zusammen und hat doch das Gefühl, sich schon ewig zu kennen. Seltsam vertraut fühlt sich das an und man möchte gar nicht mehr aufhören zu erzählen. Dann gibt es Freundschaften, die sich ganz langsam und behutsam entwickeln. Man kennt sich vom Sehen, eine Kollegin, mit der man seit Jahren das Büro teilt, der Nachbar aus dem zweiten Stock, für den man immer die Pakete annimmt und der plötzlich mit einer Flasche Wein vor der Tür steht. Nach und nach stellt man fest, dass man auf einer Wellenlänge ist, dass man sich für die gleichen Themen interessiert, die gleichen Jazzkonzerte mag, sich über dieselben Politiker aufregen kann und dass man auch am liebsten Sushi isst. Wenn man sich fragt, welche Freunde man hat, dann spürt man im Herzen ganz genau, wer Freund ist und wer Bekannter, wer einen retten würde, wenn man mitten in der Nacht im strömenden Regen dastehen würde und nicht mehr weiter weiß. Freundschaften können alles sein, innig, voller Liebe aber auch eher pragmatisch und sachlich. Egal, ob man täglich telefoniert oder nur einmal im Monat zusammen ins Kino geht oder sich vielleicht auch nur einmal im Jahr trifft, um gemeinsam im Allgäu wandern zu gehen. Freundschaften trägt, dass es da einen unsichtbaren Faden gibt, der zwei Menschen im Herzen miteinander verbindet.

Katharina: Aber ebenso, wie einem ein Mensch auf Anhieb sympathisch sein kann, so gibt es doch auch die Begegnungen, wo einem der andere unsympathisch ist und man ein ungutes Gefühl hat. Wie geht man denn mit diesem Geheimnis von Sympathie und Antipathie um?

Sabine: Ich finde es wichtig, dass wir erst einmal offen auf alle Menschen zugehen und sie unvoreingenommen mit Respekt und Anstand wahrnehmen. Es ist auf jeden Fall von Vorteil, wenn man sich gut benehmen kann und höflich und freundlich ist, ganz unabhängig davon, wen man vor sich hat. Wenn man einen Menschen zum ersten Mal trifft, dann hat man oft ein klares Bauchgefühl, ob man ihn mag oder nicht. Man kann gar nicht erklären, warum das so ist, es ist nur ein ganz leiser Impuls. Man kann sich dann fragen, welche Gründe es gibt, warum man diesen Menschen ablehnt. Was irritiert uns? Mögen wir den Inhalt seines Gesprächsangebotes nicht? Ist es sein äußeres Erscheinungsbild, seine Stimme, sein Geruch? Oder erwischt uns durch diese Person etwas, was tief in uns verborgen schlummert? Werden bestimmte unangenehme Gefühle ausgelöst, wie Angst oder Neid? Wir sollten achtsam und bewusst versuchen, herauszufinden, woher dieses Unbehagen kommt.

Katharina: Im Bekanntenkreis ist das vielleicht möglich, aber wie steht es mit Vorgesetzten und Kollegen, die man sich nun mal nicht aussuchen kann?

Sabine: Loyalität ist hier sehr entscheidend. Ich muss die Kollegin nicht mögen, ich muss aber fair mit ihr umgehen. Ich sollte ihre Qualifikation erkennen und eine kollegiale Zusammenarbeit anstreben. Wenn mir bestimmte Verhaltensweisen, die mich betreffen, nicht gefallen, dann muss ich die direkte Ansprache wählen, anstatt hinter ihrem Rücken über sie zu reden. Es trägt zu einem besseren Miteinander bei, wenn wir nicht über andere „tratschen", sondern nur das über jemanden sagen, was wir respektvoll äußern können. Mit Kollegen muss ich lediglich zusammenarbeiten, ich muss nicht mit ihnen befreundet sein. Alles was wir brauchen ist ein gutes Arbeitsklima. Wir sollten höflich, kollegial und fair miteinander umgehen, aber auf meinem Sofa müssen sie nicht mit mir sitzen.

Katharina: Also wieder eine Frage der Kommunikation?

Sabine: Ja, so wie immer … Wir müssen reden, reden, reden! Früher sind die Menschen ganz anders mit ‚Beziehungen' umgegangen. Egal, ob im Tischtennisverein, im Kegelclub, bei der Arbeit oder in der Nachbarschaft. Sie haben anders miteinander geredet. Wenn es Streit in der Nachbarschaft gab, dann wurde sich an einen Tisch gesetzt und diskutiert. „Dein Sohn hat meinen Zaun kaputt gemacht, wie können wir das regeln?" Dann hat sich der Erwachsene den Jungen geschnappt, und am Samstagnachmittag musste er, anstatt Fußball zu spielen, den Zaun reparieren. Dann war der Fall für alle Seiten erledigt. Da haben aber auch nicht die Eltern des Jungen gesagt: „Um Himmels Willen, wir sind doch versichert, der Junge muss sich doch nicht die Hände schmutzig machen!" Da war allen klar, dass das für den Jungen eine wichtige Erfahrung sein kann, um Verantwortung für sein Handeln zu lernen.

Ich glaube, dass eine gute Kommunikationskultur mit Bekannten, Freunden oder Kollegen die Menschen vor gravierenderen Problemen bewahren würde. Wenn wir es uns angewöhnen, klar und ehrlich zu sagen, wie es uns ums Herz ist, dann wäre das Leben leichter. Wir könnten es uns angewöhnen von uns zu sprechen, in der Psychologie nennt man das Ich-Botschaften, dann würde man auch nicht Gefahr laufen, dass man sich nur in Vorwürfen verstrickt und der nächste Streit vorprogrammiert ist.

Ich kann mir vorstellen, dass das ein Grund war, weshalb die Menschen früher nicht so häufig zum Psychiater oder zum Psychologen gehen mussten. Die hatten einfach ihre Familie, ihr nachbarschaftliches Umfeld und ihre Freunde, mit denen viel offener und ehrlicher kommuniziert wurde. Heute haben viele Freunde gar keine Zeit mehr, zuzuhören. Der Alltag ist für viele Menschen so komplex und anstrengend, dass sie immer mehr mit sich selbst beschäftigt sind. Sie haben abends keine Energie mehr, um sich bei der Freundin zu erkundigen, ob es ihr nach dem Ehekrach am Wochenende wieder besser geht. Häufig erlebt man, dass Freundschaften oberflächlicher werden, dass es seltener dieses bedingungslose ‚Für den anderen da sein' gibt.

Katharina: Viele Streits in Freundschaften und Bekanntschaften haben ihre Ursache doch darin, dass die unterschiedlichen Erwartungen nicht besprochen werden, dass man nicht so genau weiß, warum der andere sich schon so lange nicht mehr gemeldet hat und anscheinend beleidigt ist ...

Sabine: Gerade mit Freunden sollte man sich im Klaren darüber sein, dass man immer offen und ehrlich sein kann und in jeder Situation sagen sollte, wie man sich fühlt und was man zu bestimmten Dingen denkt. Man sollte nicht irgendetwas erzählen, was nicht der Wahrheit entspricht. Wenn man zum Beispiel sein Auto nicht verleihen möchte, dann kann man das ruhig sagen und muss keine Ausreden erfinden. Wenn ich von jemandem um etwas gebeten werde, das ich nicht gerne tue, dann kann ich einfach ein klares und deutliches „Nein" erwidern.

Viele Menschen tun dann Dinge aus Höflichkeit oder um eben nicht anzuecken, aber sie verbiegen sich damit nur selbst und bleiben sich nicht treu. Nur klar ist wahr, auch wenn viele mit deutlichen Worten nicht gut umgehen können. Das würden wir alle aber wieder lernen. Es ist doch einfacher zu „gestehen", dass man eine Verabredung absagt, weil man sich zu viel an einem Tag vorgenommen hatte, als eine Lüge aufzubauen, um dem Treffen fern zu bleiben.

Katharina: Ja, weil Höflichkeit so enorm wichtig ist in unserer Gesellschaft! Was denkt denn der andere über mich, wenn ich ihm jetzt diese Bitte abschlage?

Sabine: Aber klar zu sein bedeutet ja nicht, unhöflich zu sein! Ich bin sicher, wenn der andere spürt, dass ich ehrlich bin und keine Ausflüchte erfinde, dann kann er mein „Nein" auch wertschätzen oder zumindest akzeptieren, ohne Groll oder Zurückweisung zu empfinden.

Katharina: Das bedeutet aber, dass man sehr diszipliniert bei sich bleiben und sehr achtsam reflektieren muss, was gerade geschieht …

Sabine: Genau. Anstatt mich über eine andere Person aufzuregen oder mich zu fragen, wie sie zu diesem Verhalten kommt, sollte ich versuchen, in den unterschiedlichen Situationen bei mir zu bleiben. Das Verhalten unserer Freunde und vor allem ihre Andersartigkeit sind immer eine Herausforderung. Wir können dadurch eine Menge über uns selbst lernen, über unsere Grenzen, über unsere Art für andere da zu sein. Aber wir sollten nichts erwarten. Erwartungen sind auch dazu da, um enttäuscht zu werden. Was macht diese Situation mit mir? Wie empfinde ich das? Und das kommuniziere ich dann, grenze mich ab und gebe gut acht auf mich.

Katharina: Eine neue Form des Konfliktmanagements …

Sabine: Ja, man kann selber entscheiden, wie man auf die Dinge von außen reagiert. Ich muss mich nicht über den anderen aufregen, wenn ich mir klarmache, dass Menschen nun Mal unterschiedlich sind und nach unterschiedlichen Wertmaßstäben handeln. Alles, was der andere sagt und tut ist eine Information über ihn selbst, über seine Art, die Welt zu sehen, zu verstehen und die Dinge des Lebens anzugehen. Selbst wenn er etwas an mir kritisiert, sagt das nur etwas über ihn aus und wie er mich wahrnimmt und was mein Verhalten bei ihm auslöst. Das ist alles seins. Und ich kann entscheiden, ob und wie ich darauf reagieren möchte. Es ist nämlich partout nicht so, dass man auf jeden Angriff von außen gleich mit Verteidigung reagieren muss. Wir sollten genau beobachten, wie viel Macht wir einem anderen Menschen über unser Leben geben und wie viel Macht wir dem geben, was andere eventuell über uns denken könnten. Vor allem wenn wir von jemandem angegriffen werden ist es ganz wichtig, sich zu schützen und zu sagen, dass das gerade gar nicht mein Thema ist, sondern seines. Wenn man das tut, wird man meistens als arrogant und hochnäsig bezeichnet, weil man sich anscheinend über den anderen hinwegsetzt. Aber indem man in solchen Situationen klar bleibt, bei sich bleibt und sich auf ein kreatives Gespräch einlässt, verlieren die anderen ihre Macht über uns.

Katharina: Wie ist denn Streiten als Hellsichtige?

Sabine: Gerade bei Konflikten denke ich mir manchmal, dass ich so gerne mal ‚normal' wäre. Ich würde mich gern einfach mal über die banalsten Dinge aufregen und schimpfen wie ein Rohrspatz. Auch wenn ich auf der Straße von einem Unbekannten angeranzt werde, wünsche ich mir manchmal, ich würde nicht die Aura desjenigen sehen. Ich sehe dann, dass dieser Mensch gerade eine schlechte Phase hat, Streit mit der Ehefrau, Druck vom Chef, was auch immer. Ich finde es eher schade, dass diese Menschen lieber andere als Ventil benutzen, als ihr eigentliches Problem zu lösen. Auf gar keinen Fall stehe ich in solchen Situationen zur Verfügung, um die Gefühlslagen dieser Personen zu übernehmen. Ich bin auch nicht die Richtige, wenn es jemand auf Dauerstreitigkeiten mit mir anlegt. Zur Klärung größerer Angelegenheiten nehme ich mir einen Rechtsanwalt. Er hat es zu seinem Beruf gemacht, sich zu streiten, und er kann mich dann vertreten. Diese Streitenergie, die entsteht, wenn jemand nur auf seiner Meinung beharrt und sich am Recht haben festbeißt und keinerlei Interesse daran hat eine Kompromisslösung zu finden, die ist so schädlich, dass ich mich solchen Schwingungen gar nicht aussetzen und sie auch nicht freisetzen möchte.
Abgesehen von solchen Vorfällen, bei denen man für andere nur der Blitzableiter ist und sie nur mal eben ihren Frust abladen müssen, sind Konflikte für mich immer nur das Ergebnis von unterschiedlichen Meinungen. Konflikte sind meistens Egoprobleme. Es geht um Recht haben, um Konkurrenz, um besser sein wollen. Wenn ich angegriffen werde, dann weiß ich, dass es gar nicht nur um mich geht, sondern dass ich nur einen bestimmten Knopf drü-

cke. Ich schaue dann immer gleich, wieso das jetzt so ist? Welche Anteile haben wir alle daran? Und was muss geschehen, damit wir wieder im Frieden miteinander sind? So bekommt ein Streit eine andere Qualität und eine andere Schwingung.

Katharina: Was ist denn mit den Konflikten, die tatsächlich dazu führen, dass Freundschaften in die Brüche gehen oder dass Verwandte den Kontakt abbrechen?

Sabine: Man hat sich auseinandergelebt, veränderte Lebenssituationen führen dazu, dass man sich nichts mehr zu sagen hat, dass man die Gedanken und Gefühle des anderen nicht mehr nachempfinden kann. Wenn jemand plötzlich eine Familie gründet und Kinder bekommt, dann stellt das Freundschaften manchmal auf die Probe. Wenn sich Freunde verabschieden oder man selber spürt, dass man sich in eine andere Richtung weiterentwickelt hat, dann ist das schmerzhaft und durchaus etwas, was man betrauern sollte. Es ist schließlich ein Verlust. Es ist aber ganz wesentlich, dass man auch hier wieder versucht, Klarheit herzustellen, damit man sich mit Respekt voneinander verabschieden kann. Keine Verbitterung und keinen Groll zu empfinden, das ist eine wesentliche Voraussetzung dafür, dass diese Lücke, die da entsteht, mit etwas Neuem, Freundlichem und Schönem gefüllt werden kann.

5.7 Anders denken über sich selbst – Du bist nicht perfekt, aber du bist perfekt du selbst!

Katharina: Stellen Sie sich vor, Sie schauen in den Spiegel und schenken sich ein Lächeln. Sie finden sich einfach toll, sind rundherum zufrieden mit Ihrem Äußeren, wissen von Ihren Stärken und Kompetenzen, sind versöhnt mit Ihren Schwächen und haben dieses abenteuerlustige Funkeln in den Augen, das die Neugierde auf das Leben und die Freude am bloßen Sein deutlich macht ...

Sabine: Von Zeit zu Zeit sollte man sich immer mal wieder eine ganz persönliche Bestandsaufnahme gönnen. Wie hat sich mein Leben im letzten halben Jahr verändert? Welche Ziele habe ich, welche Wünsche und Träume? Gibt es etwas, das ich tun könnte, um mehr Freude in mein Leben zu holen? Einen Tanzkurs, Kochen lernen oder das Badezimmer grün streichen?

Gibt es Themen, die ich klären möchte? Grenzen, die ich mir anschauen will, um sie eventuell anzugehen oder sie zu überwinden? Wie finde ich mich eigentlich? Gefalle ich mir? Was mag ich, was stört mich?

Was fehlt, damit ich ein rundherum gutes Gefühl mit mir habe? Dabei ist es wieder wichtig zu unterscheiden, ob ich etwas an mir verändern oder ob ich mich nicht lieber mit meinem „So sein" versöhnen möchte. Möchte ich wirklich wissen und verstehen, wie ein Automotor funktioniert und wie man ihn repariert, wenn er kaputt ist oder reicht es mir, wenn ich die Adresse einer guten Autowerkstatt kenne? Zwei linke Hände in der Küche? Will ich das wirklich ändern oder finde ich mich mit dem Essen gehen ab? Will ich wirklich abnehmen oder gelingt es mir nicht doch, mich mit Kleidergröße 42 anzufreunden, weil meine Kurven eigentlich ganz schön aussehen und der perfekte Ausdruck meiner Weiblichkeit sind?

Wir können einiges tun, damit unser Leben im Fluss bleibt und damit wir das Gefühl haben, uns weiterzuentwickeln, dass wir nicht auf der Stelle treten, dass wir schauen, was uns das Leben zu bieten hat und wir nicht in einen grauen, öden, lähmenden Trott verfallen.

Gibt es Themen, die mir immer wieder durch den Kopf schwirren? Knöpfe, die mir immer wieder von anderen gedrückt werden? Die schönen, leuchtenden und fröhlichen Aspekte unseres Lebens dienen dazu, dass wir sie als positive Einträge auf unserem Glückskonto verbuchen können. Die Dinge aber, die uns wirklich weiterbringen und die wir uns intensiver anschauen sollten, sind die Aspekte ohne Weichspüler und ohne Kuschelfaktor. Zum Beispiel das Thema Neid. Die Energie, die jeden Tag aufs Neue in das Gefühl des Neides fließt, ist enorm. Schauen Sie sich an, wann Sie neidisch sind, auf wen und warum? Ist es die Nachbarin, die so einen tollen blühenden Kräutergarten hat? Oder der Kollege, der immer so professionell die Teamsitzungen moderiert oder die Freundin, die mit 50 noch mit Saxofon spielen angefangen hat? Die Neidknöpfe, die uns jeden Tag gedrückt werden können, sind unzählbar. Schauen Sie, wann Sie anspringen und setzen Sie sich dann mit diesem Thema auseinander.

Fragen Sie sich, ob Sie das Objekt oder die Eigenschaft der Begierde wirklich haben möchten und gehen Sie dabei nur von sich aus. Abnehmen, na gut, aber ist Größe 36 wirklich das Ziel? Da werden wir wieder mit dem „Was will ich?" und „Wie will ich es?" konfrontiert.

Ich kann nicht auf etwas neidisch sein, ohne die Hintergründe für mich selbst zu beleuchten. Ich kann doch nicht neidisch auf jemanden sein, der wegen der Arbeit ein halbes Jahr im Ausland lebt und hier seine Familie zurückgelassen hat, weil es für mich viel wichtiger wäre, Zeit mit meiner Familie zu verbringen. Ich kann doch nicht auf jemanden neidisch sein, wenn er beruflich Schritte gegangen ist, die ich mir nie gesucht habe. So hat derjenige das gemacht. Wäre das tatsächlich auch etwas für mich? Ein Abgleich mit meiner Art zu leben ist an dieser Stelle unabdingbar. Ein Instrument lernen wäre schön, aber einmal die Woche Unterricht reicht mir völlig. Gesünder ernähren wollte ich mich schon lange, aber ab und zu Kuchen ist für mich einfach ein absoluter Genuss. Und zwei Mal in der Woche joggen reicht mir auch. Wenn dann auch noch die beste Freundin mitkommt macht das bestimmt richtig Spaß. Wenn ich mir klar darüber geworden bin, was ich wirklich möchte, dann kann ich schauen, was genau ich tun muss, um es zu erreichen. Das ist sinnvoller als jemanden wegen etwas zu beneiden.

Katharina: Im Volksmund gibt es den Spruch „Der Vergleich ist das Ende vom Frieden!". Und genauso ist es: Sich mit anderen zu vergleichen ist immer problematisch, weil es uns in Bewertungsstrategien gefangen hält, die gar nichts über das echte Wohl, den eigentlichen Gewinn für uns selbst aussagen.

Sabine: Wir müssen von uns selbst ausgehen und hinterfragen, was hat der andere für das, um das ich ihn beneide, getan? Wäre ich bereit, meine Ernährung so radikal umzustellen, vier Mal in der Woche Sport zu machen und keinen Alkohol mehr zu trinken, damit ich annähernd mit der Figur meiner Kollegin mithalten könnte? Welchen Preis bin ich bereit zu zahlen? Ich möchte ein schickes Auto? Wie hoch sind die Leasingraten? Wie viel müsste ich arbeiten, um mir das leisten zu können? Und wenn ich dann gar keine Zeit mehr zum Auto fahren habe? Ich möchte eine Nacht im Luxushotel verbringen? Wie lange würde ich dafür sparen, was müsste ich entbehren, bis ich das Geld zusammenhätte? Wenn das ein wirklich tiefer, inniger Wunsch von mir ist, so abgehoben er sich auch für andere anhören mag, dann ist das der Motor, mit dem ich daran arbeiten kann, meinen Traum Wirklichkeit werden zu lassen. Wenn eine Nacht im Luxushotel die Erfüllung meiner tiefsten Sehnsucht wäre, dann könnte ich jeden Tag Geld in ein Sparschwein tun und dann warten – notfalls eben zwei Jahre – bis das Geld für eine Übernachtung in einer schicken Suite reicht.
Neid kann ein schwungvoller Motor sein, wenn man ihn aus einer anderen Perspektive betrachtet und ihn nicht zum ewig bohrenden Stachel im Fleisch macht. Neid kann ein Ansporn sein, der einem hilft, die eigenen Lebensziele zu hinterfragen. Warum bin ich gerade auf diesen ganz bestimmten Aspekt neidisch und wel-

che Schritte könnte ich gehen, um dieses gewisse Etwas auch in meinem Leben zu verankern?

Man muss immer von sich selber ausgehen. Wenn man für sich selber klarstellt, dass man keine Lust auf Disziplin in der Freizeit hat und auch nicht die Geduldigste ist, dann sollte man die Idee mit dem Geigenunterricht noch einmal überdenken. Gönnen Sie sich Mut zur Veränderung und bleiben Sie gut bei sich! Hören Sie auf Ihre innere Stimme und stimmen Sie Ihre Träume immer wieder mit Ihrem Charakter ab.

Oft sind es Feinheiten, die einem zeigen, wie wichtig es ist, sich selbst treu zu bleiben und die Andersartigkeit der anderen zu akzeptieren. Ich kann die anderen doch so lassen, wie sie sind und die Dinge so erledigen, wie ich das möchte und wie es meinem innersten Wesen entspricht. Ich muss keine Kategorien finden, um den anderen abzuwerten, nur weil er mir mit seiner Andersartigkeit meine Defizite spiegelt. Also, die Nachbarin muss keine verklemmte, spaßbefreite Zicke sein, die nur auf Selleriestangen herumkaut, nur weil sie schlanker ist als ich und ich sie im Grunde darum beneide, dass ihr das gelingt und mir nicht. Wenn man sich nicht vergleicht und nicht immer in Bewertungsmustern verstrickt ist, dann kann man ganz im Frieden das Leben so leben, wie es einem gefällt und nach seiner ganz ureigenen Art glücklich werden. Das Problem ist nur, dass so viele Menschen nicht mit sich im Frieden sind und sich nur schlecht so nehmen können, wie sie sind. Wenn die Chaoten mit ihrem Hang zur Unordnung versöhnt wären, dann bräuchten sie den Ordentlichen doch auch kein Spießertum zu unterstellen und wenn die Genussmenschen mit ihrem Hang zur Sahnetorte und zur Pralinenschachtel versöhnt wären, dann müssten sie auch nicht alle schlanken Menschen zu verhärmten Zicken degradieren. Unsere Andersartigkeit macht uns aus. Sie macht unser Leben bunt und vielfältig und das Beste ist, wenn man herzlich darüber lachen kann und mit seinen eigenen Stärken und Schwächen liebevoll im Reinen ist. Darauf kommt es doch an und egal wer uns die Knöpfe drückt, ob Ehemann, Schwester,

Tochter oder Chef: Es geht nur darum, dass *wir uns* anschauen, ob *unser* Verhalten für *uns allein* stimmig ist. Wenn wir das mit „Ja" beantworten können, dann ist alles gut. Können wir das nicht, dann dürfen wir diese Person, die uns so auf die Palme bringt, gern als willkommene Anregung verstehen, eine Veränderung in unserem Leben herbeizuführen.

Alles dreht sich immer wieder um diesen Punkt, möchte ich etwas im Außen verändern oder möchte ich meine innere Haltung zum Ist-Zustand verändern? Egal, welchen Weg Sie wählen, das Entscheidende ist, dass Zufriedenheit das Ergebnis ist. Und das Schöne und Beruhigende ist, dass wir immer vom Universum unterstützt werden, egal welchen Weg wir wählen. Wenn ich mich entscheide, in eine andere Stadt zu ziehen, weil mein innerer Impuls sagt, dass sich das gut und stimmig anfühlt, dann werde ich ebenso gestärkt, als wenn ich mich entscheide zu bleiben und stattdessen meine Wohnung renoviere. Jeder hat seinen ganz individuellen, universellen Plan und egal, wie er sich entscheidet, er wird vom Universum unterstützt. Wir können alles machen, was wir machen möchten, solange wir niemandem bewusst damit Schaden zufügen.

6. Kann ich das auch? – Die Weiterentwicklung der eigenen medialen Fähigkeiten: Eine praktische Einführung in die Energiearbeit nach Sabine Pardigol

Sabine: Die folgenden Übungen sollen einen kleinen Überblick geben über die Themen, die ich in der einjährigen Ausbildung in Energiearbeit vermittle. Ich bin davon überzeugt, dass jeder alle Fähigkeiten hat, die er braucht, um die „Dinge zwischen Himmel und Erde", die wir nicht wissenschaftlich nachweisen können, zu erspüren und wahrzunehmen. Es ist lediglich eine Frage der Übung. Machen Sie sich doch einfach auf den Weg, lassen Sie sich treiben von Ihren Sinnen und lassen Sie sich führen von Ihrer Wahrnehmung. Haben Sie Vertrauen!

6.1 Wahrnehmung schulen

Gehen Sie in Ihr Lieblingscafé. Setzen Sie sich hin und atmen Sie bewusst ein und aus. Spüren Sie, warum es Ihnen hier so gut gefällt. Was hören Sie? Wie ist die Einrichtung? Welche Farben herrschen vor? Welche Menschen kommen hierher? Was gibt es zu essen? Wonach duftet es? Wie sieht die Auslage aus? Nehmen Sie alles ganz genau wahr und spüren Sie, welche Gefühle die einzelnen Aspekte auslösen.

Zu Besuch bei Freunden: Was genau nehmen Sie wahr? Lassen Sie sich ein auf die Umgebung. Spüren Sie, wie Sie die Energie der Wohnung empfinden. Wie wirkt die Zusammenstellung der Möbel? Gibt es Orte in der Wohnung, zu denen Sie sich hingezogen fühlen, wo Sie gerne sind? Und andere Orte, die Sie abstoßen? Welche Schwingungen nehmen Sie wahr?

Konzentrieren Sie sich in den unterschiedlichen Situationen auf Ihren ersten Eindruck. Schenken Sie ihm Vertrauen und folgen Sie dem ersten Impuls, denn dort geht der Weg entlang.

Vertrauen Sie Ihrer Wahrnehmung! Üben Sie in den nächsten Tagen, sich auf Ihre Intuition zu verlassen. Möchten Sie lieber Tee oder Kaffee? Ein Schnitzel oder einen Gemüseauflauf? Sushi oder ein indisches Curry? Vertrauen Sie Ihrer Wahrnehmung vollkommen und lauschen Sie den Botschaften Ihres Körpers.

Halten Sie heute immer mal wieder inne, um Ihre Handlungen und Gedanken zu betrachten. Sind es positive, schöne Gedanken, die Sie weiterbringen oder ziehen diese Sie runter und blockieren Sie? Was könnten Sie heute tun, um Ihr Leben leichter und schöner zu gestalten?

6.2 Aura wahrnehmen

Setzen Sie sich bequem und entspannt hin und spüren Sie ganz bewusst Ihren Atem. Wenn Sie einen ausgeglichenen Rhythmus gefunden haben, dann gleiten Sie mit Ihrer Hand über den Körper und zwar in einem Abstand von einigen Zentimetern zu Ihrer Körperoberfläche. Was spüren Sie? Spüren Sie den feinen Widerstand, wenn Sie dem Körper näher kommen? Das ist der Beginn der Aura. Wie ist es, wenn Sie mit dem Abstand spielen? Gibt es Stellen, wo Sie nicht gern die Hand hinlegen, weil Sie dort sehr empfindlich auf Berührungen reagieren? Experimentieren Sie spielerisch damit. Vielleicht machen Sie diese Übung auch mit einem Partner und schauen, wie Sie die Aura des anderen wahrnehmen. Wie nah darf Ihnen jemand kommen? Wo ist Ihre persönliche Schutzzone? Spüren Sie immer mal wieder genau hin und machen Sie sich bewusst, dass Sie immer von diesem Schutzmantel umgeben werden.

6.3 Aura reinigen und Energie tanken

Es gibt viele Rituale, mit denen man die Aura reinigen kann. Das ist ganz wichtig, um die Anhaftung von schlechten oder unklaren Energien zu beseitigen. Setzen Sie sich bequem hin und begeben Sie sich auf eine Reise durch Ihren Körper. Beginnen Sie beim Kopf, dann bedenken Sie Brust, Bauch und Rücken, den rechten Arm, den linken Arm, das rechte Bein und dann das linke Bein und lassen Sie Ihren Atem fließen. Atmen Sie tief ein und stellen sich vor, dass Sie mit jedem Atemzug helles Licht in Ihren Körper holen. Sie können dabei an kleine Lichtwirbel denken, die die einzelnen Regionen Ihres Körpers förmlich durchputzen. Beim Ausatmen stellen Sie sich vor, dass all das Negative, der Staub und Schmutz, mit dem Atem aus dem Körper hinaus fließen kann. Nach dem Reinigen ist es wichtig, dass Sie die Gelegenheit nutzen, um Ihre Energieakkus neu aufzuladen. Visualisieren Sie eine angenehme Situation, aus der Sie Kraft schöpfen können. Einen Waldlauf, einen Strandspaziergang, das Sitzen auf einer Bank mit Aussicht auf einen ruhigen See oder die Berge. Finden Sie ein Bild für sich, das Ihnen als Kraftquelle dient.

Manchmal ist es auch sinnvoll, spazieren zu gehen, damit man von der frischen Luft im wahrsten Sinne des Wortes durchgepustet wird. Man kann sich dann bei jedem Schritt vorstellen, dass man negative Dinge, die man im Laufe des Tages erlebt hat, loslässt und so Schritt für Schritt die Aura klärt und reinigt.

Aber auch alle täglichen Rituale, die mit Wasser zu tun haben, eignen sich hervorragend, um die eigene Aura zu reinigen. Hände und Gesicht waschen, kaltes Wasser über die Unterarme fließen lassen oder duschen. Dabei kann man sich bewusst darauf konzentrieren, dass man die negativen Einflüsse an das Wasser abgibt, um so wirklich gereinigt zu sein.

6.4 Aura schützen

Setzen Sie sich bequem hin und visualisieren Sie Ihre Aura wie einen schützenden Mantel, der Sie umgibt. Streichen Sie nun mit Ihren Händen über Ihre Aura. Beginnen Sie beim Kopf und streichen dann von oben nach unten die Aura ab. Wichtig ist, auch die Füße mit einzubeziehen, denn die Aura ist eine komplett körperumschließende Hülle. Wenn Sie rundherum gut eingehüllt sind, dann verschließen Sie die Aura mit einer Art Reißverschluss, den Sie nun wiederum von unten nach oben verschließen. Durch diese Hülle können Sie alles, was Sie möchten, an Ihre Umwelt abgeben, aber Sie allein entscheiden, was Sie an sich heranlassen möchten. Sie entscheiden, wann und in welche Richtung Ihre Ummantelung durchlässig ist. Machen Sie sich immer wieder bewusst, dass Sie von diesem Schutzmantel umgeben werden und sagen Sie bewusst ‚Stopp!', wenn sich negative Energien nähern.

6.5 Konflikte energetisch klären

Nehmen Sie sich ungefähr eine halbe Stunde Zeit. Schaffen Sie eine behagliche Atmosphäre, zünden eine Kerze an und geben Sie Acht, dass Sie ungestört sind. Setzen Sie sich ruhig hin und denken an Menschen, denen Sie gern etwas sagen möchten. Es können Worte der Dankbarkeit sein oder Worte der Klärung. Egal, was Ihnen auf der Seele liegt, mit dieser Übung können Sie Ihr Anliegen an das Universum abgeben. Ein Gedanke, der Sie beschäftigt, etwas Schönes oder etwas, das Sie belastet. Sie können sich Menschen aussuchen, mit denen Sie eine akute Auseinandersetzung haben oder Sie können an jemanden denken, der schon verstorben ist. Sie entscheiden, an wen Sie Ihre Worte richten möchten. Es können fünf Personen sein oder auch weniger oder mehr. Sie entscheiden.

Wenn Sie sich die Personen ausgesucht haben, dann gehen Sie durch Ihre Wohnung und suchen für jede von ihnen einen Gegenstand aus. Lassen Sie sich vollkommen von Ihrer Intuition leiten, sie wird Ihnen den passenden Gegenstand zeigen. Dann gehen Sie wieder zu Ihrer Kerze und nehmen den ersten Gegenstand in die Hände. Für welche Person ist er gedacht und was möchten Sie ihr sagen? Atmen Sie tief und bewusst und formulieren Sie Ihre Worte klar und deutlich. Schicken Sie diese mit einem Lichtstrahl auf den Weg und spüren, wie Ihnen leichter ums Herz werden kann.

Dann nehmen Sie den nächsten Gegenstand in die Hände und verfahren genauso. Sie können Ihre Sätze auch noch einmal wiederholen und den Augenblick der Klärung genießen. Lassen Sie sich genügend Zeit, um tief und bewusst zu atmen und die Atmosphäre, die hier in Ihrem geschützten Raum herrscht, wahrzunehmen und zu genießen.

Wann immer Sie das Gefühl haben, dass Sie sich etwas von der Seele reden möchten, dann können Sie diese Übung nutzen. Sie funktioniert auch schnell zwischendurch. Sie selbst werden klarer und energetisch kommen Ihre Botschaften bei den Menschen an, die Sie erreichen wollen. Sie werden die Erfahrung machen, dass sich Dinge auf diese Art und Weise klären und auflösen lassen. Diese Übung ist auch eine gute Möglichkeit, Dinge mit Verstorbenen zu besprechen. Immer wenn Sie das Gefühl haben, dass Sie noch so viel zu sagen gehabt hätten – hier ist die Gelegenheit, es zu tun. Die Lichtwesen werden Ihre Worte wahrnehmen und Sie werden ein Gefühl von tiefem Frieden und tiefer Verbundenheit empfinden können.

6.6 Pendeln – Der Weg zur richtigen Entscheidung

Pendeln ist eine gute Möglichkeit, um eine Antwort auf eine Ja-oder-Nein-Frage zu bekommen. Es kann eine gute Ergänzung zur eigenen inneren Stimme sein, die ja im Grunde immer die richtige Antwort kennt.

Wenn Sie etwas entscheiden müssen, dann können Sie das Universum bitten, Ihnen ein Zeichen zu geben. Wichtig ist, dass Sie Ihr Anliegen genau formulieren. Sie müssen Ihre Gedanken sortieren und klären, damit Sie nicht mehrere Fragen im Kopf haben und womöglich vom Pendel eine Antwort auf eine ganz andere tiefliegende Frage bekommen.

Es gibt unterschiedliche Möglichkeiten, eine Ja/Nein Antwort vom Universum zu erhalten. „Streichhölzer ziehen" oder „Eine Münze werfen" sind Ihnen vielleicht schon bekannt. Sie können auch diese Methoden jederzeit anwenden, wenn Sie sich vorher mit einer konkreten Frage (zum Beispiel „Soll ich nach Italien in den Urlaub fahren?") an die universelle Energie angebunden haben.

Wenn ich mit einem Pendel arbeite, dann mache ich das immer verdeckt, um zu verhindern, dass meine eigene unbewusste Haltung und Wunschvorstellung das Ergebnis beeinflusst. Ich schreibe „Ja" und „Nein" auf zwei Karten, drehe sie um und mische sie, so dass ich nicht weiß, wo welche Antwort liegt. Ich halte dann mein Pendel ruhig über eine der Karten und beobachte, in welche Richtung es sich bewegt. Entweder vor und zurück (für mich bedeutet das „Ja") oder von rechts nach links (für mich bedeutet das „Nein"). Manchmal bewegt sich das Pendel auch kreisförmig, dann bekomme ich keine Antwort. Wenn das Pendel „Ja" anzeigt, dann weiß ich allerdings erst, dass das die Karte mit der richtigen Antwort ist. Ich drehe sie um und weiß dann, ob ich nach Italien fahren soll oder nicht.

Wenn Sie zum ersten Mal pendeln (am besten zusammen mit jemandem, der schone Erfahrung hat!), dann müssen Sie zuerst klären, welche Richtung für Sie persönlich das „Ja" und welche

Richtung das „Nein" anzeigt. Das ist individuell unterschiedlich. Das Pendel kann sich vor und zurück bewegen oder von rechts nach links. Sie können das Universum bitten, dass es Ihnen als erstes die Richtung für das „Ja" anzeigt, damit Sie Bescheid wissen und danach die Richtung für Ihr „Nein" anschauen.

Unabhängig von einem Pendel kann man das Universum aber bei Ja/Nein-Fragen auch um andere Hinweise bitten. „Gib mir Zeichen, dass die Antwort auf meine Frage ein „Ja" ist, wenn ich in den nächsten fünf Minuten ein Martinshorn höre.

...oder wenn ich dieses Buch auf einer bestimmten Seite aufschlage und dort das Wort „grün" lese.

...oder wenn ich auf der Autobahn nacheinander von drei weißen Autos überholt werde.

Ihrer Phantasie und Kreativität sind keine Grenzen gesetzt. Probieren Sie es aus, spielen Sie und sammeln Sie so immer mehr Erfahrungen im Gespräch mit dem Universum.

6.7 Finde die Essenz

Dies ist eine schöne Übung, wenn Sie in einer müßigen Stunde darüber nachdenken möchten, was und vor allem welche Menschen Ihnen in Ihrer jetzigen Lebenssituation am Herzen liegen. Es ist immer hilfreich, diese Gedanken aufzuschreiben. Machen Sie eine Liste von all den Dingen, die Ihnen wirklich wichtig sind. Warum sind Ihnen diese Dinge wichtig, was geben sie Ihnen? Warum genießen Sie diese? Familie, Freunde, Wohnen, Urlaub, Kollegen, Kosmetik, schöne Dinge, Sport, Hobbies, Genuss, etc., alles darf vorkommen.

Stellen Sie sich die Frage, was Sie für die einzelnen Menschen in Ihrem Umfeld sein möchten? Was genau empfinden Sie für jeden einzelnen und was möchten Sie ihm geben? Wie sieht Ihre Liebe und Ihre Zuneigung genau aus und wie könnten Sie beides zum Ausdruck bringen, um Freude in das Leben der anderen und in Ihr eigenes zu bringen?

Möchten Sie mit einigen bewusst nur oberflächlich bleiben oder würden Sie sich gern emotional mehr einbringen?

Wenn man diese Bestandsaufnahme für sein Leben von Zeit zu Zeit immer mal wieder macht, dann hilft sie dabei, für sich selbst mehr Klarheit zu bekommen und sich im Kontakt mit anderen Menschen besser vor Erwartungen und Enttäuschungen zu schützen.

6.8 Dem Leben Strukturen geben, damit die Energie fließen kann

Dies ist weniger eine Übung, als viel mehr ein ganz konkreter Tipp, wie Sie in den unterschiedlichsten Alltagssituationen Energieblockaden verhindern können und mit einfachen, konkreten Veränderungen dafür sorgen können, dass alles im Fluss bleibt.

Ich habe die Erfahrung gemacht, dass mein Leben leichter wird und besser funktioniert, wenn ich bestimmten Dingen eine STRUKTUR gebe und dafür sorge, dass sie in ORDNUNG sind.

Wenn alle Dinge und Gedanken einen Platz haben, an den sie gehören, dann wird das Leben einfacher, weil man weniger Zeit und Energie mit Suchen verbringen muss. Wenn es zum Beispiel einen Ordner gibt, in dem alle Gebrauchsanweisungen liegen, dann findet sich jeder schneller zurecht. Man braucht nur ein bisschen Disziplin, dass man die Schreiben gleich in den richtigen Ordner sortiert und die Einkäufe in die richtigen Regale packt.

Geben Sie Ihren Gedanken den richtigen Platz. Sprechen Sie mit den Menschen, die mit Ihrem Thema in Zusammenhang stehen. Nur so können Sie Ihre Gedanken in Ordnung halten.

Probieren Sie es aus. Strukturen helfen uns, in der Klarheit zu bleiben und das hilft uns, deutlicher wahrzunehmen und zu erspüren, was gerade gut tut. Es hilft uns, unsere Energie für die wichtigen Dinge des Lebens einzusetzen!

Meine Erfahrung ist außerdem, dass Menschen, die in ihrer Mitte sind und aus ihrer Mitte heraus handeln, einfach die anfallenden Dinge der Reihe nach tun. Eine Handlung beginnen, VOLLENDEN und sich erst dann mit der nächsten auseinandersetzen. Nicht von einem Thema zum anderen springen, um nicht energetisch ganz zerstreut zu werden.

Achten Sie darauf, dass Sie einzelne Handlungen nacheinander tun und achten Sie darauf, dass Sie sie vollenden! Wenn man zu viele „offene Baustellen" hat, dann verlieren sich Energien und man ist nicht wirklich effektiv. Klare Strukturen, klare Abläufe: Sie helfen, um innerlich sortiert zu bleiben und sich energetisch nicht immer wieder zu verzetteln. Wenn Sie Dinge zu Ende machen, können Sie diese gedanklich abhaken. Dann haben Sie wieder viel mehr Platz im Kopf. Beobachten Sie, ob sich bei Ihnen dadurch etwas verändert und ob sich das Gefühl, etwas geschafft zu haben, vielleicht schneller und leichter einstellt als sonst.

Ausblick: Die Intuition kennt den Weg

Sabine: Manchmal wünsche ich mir Unbeschwertheit. Ich möchte den Menschen in die Augen schauen, ohne etwas von ihren Intrigen, ihren Lügen und ihren gesundheitlichen Problemen in ihrer Aura zu sehen. So reizvoll die Gabe der Hellsichtigkeit auch oft zu sein scheint, so belastend ist sie eben auch in anderen Momenten. Das Anstrengende an der Hellsichtigkeit ist nicht das Sehen an sich, sondern die damit verbundene Verantwortung, Dinge zu sehen und sie nicht unbedingt verändern zu können. Ich sehe manchmal für mich selbst Dinge und entscheide mich trotzdem, etwas anderes zu tun. Ich sehe auch manchmal, dass meine Wünsche nicht in Erfüllung gehen werden und verliere trotzdem nicht den Mut. Auch mein Lebensweg ist von ähnlichen Herausforderungen geprägt, wie der von anderen Menschen.

Im Großen und Ganzen bin ich dankbar für die Gabe dieser besonderen Fähigkeiten und ich bin dankbar, dass mir das Universum einen Weg gezeigt hat, sie als Hilfe für die Menschen einzusetzen. Es sollte unser Ziel sein, nach einem glücklichen, erfüllten Leben zu streben. Deshalb brauchen Menschen Veränderungen und Veränderungen brauchen Mut. Manchmal blockieren sich die Menschen in ihren Gedankenmustern, weil sie Angst vor Veränderungen haben, so viel Angst davor, die vertrauten Pfade ihres Lebens zu verlassen.

Es ist oft einfacher, die Wege zu gehen, die uns gerade vorgelebt werden, als von diesem Weg abzuweichen. Glück und Zufriedenheit können aber nur gelingen, wenn wir uns immer wieder fragen: „Was will ich?" und „Wie will ich es?" und das in allen Bereichen unseres Lebens.

Wenn jemand zu mir kommt und sagt, dass es ihm nicht gut gehe, wenn er den Weg nach links weitergeht, dann rate ich, dass er doch einfach noch mal den Weg nach rechts ausprobieren soll. Sein eigener freier Wille ist die oberste Instanz, sich für eine bestimmte Richtung zu entscheiden. Häufig haben Menschen nicht genug Vertrauen, sich voll und ganz dem universellen Plan hinzugeben und die Schritte zu gehen, die für sie in der entsprechenden Situation förderlich wären. Sie müssten sich nur für die Impulse öffnen, die ihnen ihre Intuition sendet oder die von einem Pendel oder anderen Zeichen bestätigt werden, dann wüssten sie, ob sie stimmig handeln oder nicht.

Vertrauen in das Universum heißt nicht, dass man die Hände in den Schoß legt, nichts tut und nur darauf wartet, dass die Engel einem das Leben in Ordnung bringen. Man muss schon achtsam sein für die Zeichen, die einem vom Universum gesendet werden. Das Universum öffnet einem so viele Türen. Bei einem meiner Patienten war das so deutlich: Er hatte den Plan, dass er mit 60 nach Mallorca ziehen wollte. Er erzählte mir, dass er in einem Restaurant eine Frau kennengelernt habe, die als Spanischlehrerin arbeitet und gern kleine Gruppen in privater Atmosphäre unterrichten möchte. Nachdem er ihr von seinen Auswandererplänen erzählte bot sie ihm gleich an, ihn zu unterrichten. Diese Frau war ihm vor die Füße gestellt worden, damit er rechtzeitig Spanisch lernen konnte. Ein klares Zeichen, aber er sagte: „Nein, nein, das dauert ja schließlich noch zehn Jahre." Dann bekam er eine Anfrage ob er sich vorstellen könnte, bei einem Projekt auf Mallorca mitzuarbeiten, was bedeutet hätte, dass er einmal die Woche hätte dorthin fliegen müssen und er sagte: „Nein, das ist mir gerade zu aufwändig und außerdem kann ich mein Büro in der Zeit hier nicht alleine lassen." Dann blockierte er sich weiter damit, dass er sein Haus nicht verkauft bekäme. Jedes Zeichen vom Universum wurde übersehen oder nicht ernst genommen. Seine Angst vor Neuem hatte die Blockaden gesetzt, die sich dem Gelingen seiner Lebensplanung entgegenstellten.

Er hatte keine Kontakte mehr nach Mallorca, hatte alle Türen massiv zugeschlagen und saß dann mit 62 hier und beklagte sich über das schlechte Wetter in Deutschland und dass ja alles doch nicht so geklappt hat, wie er es sich gedacht hätte. Er sah nicht, dass er derjenige war, der alle Chancen, die ihm das Universum auf dem Silbertablett angeboten hatte, um seinen Lebensweg in die richtige Richtung zu lenken, verweigert hatte. Aber nicht nur das: Er verharrte im Zustand des Klagens, anstatt sich neu zu sortieren. Es ist nicht so, dass derjenige, der A sagt auch B sagen muss. Nein, wir dürfen uns zu jeder Zeit neu sortieren und falls ein Plan nicht funktioniert, dann müssen wir uns sammeln, unsere Wünsche und Träume überdenken und unseren Lebenskompass neu ausrichten. In schwierigen Zeiten, bei Krankheiten und Problemen, lassen sich viele die Karten legen, pendeln, befragen Engel und bitten sie um Hilfe. Und wenn dann ihr Leben wieder in Ordnung ist, dann verleugnen sie diese Ebene und sagen, dass alles, was geschah Zufall war oder dass sie Glück gehabt haben. Anstatt einfach dankbar für die Unterstützung zu sein.

Ich bin davon überzeugt, dass es unsere Aufgabe ist, Spaß und Freude am Leben zu haben und dann frage ich mich, warum eben gerade das den meisten Menschen so schwer fällt. Mit verbissenen Mienen geben sie sich einem grauen Alltagstrott hin, anstatt ihr Leben in die Hand zu nehmen und es bunt zu gestalten. Die Zwänge, denen wir in unserer Gesellschaft unterworfen sind, starre Regeln darüber, was *man* tut und was *man* nicht tut. Rigide Machtstrukturen, die vielen ihren Alltag zur Hölle machen.

Es geht mir darum, den Menschen Denkmodelle anzubieten. Wie möchten wir leben? Wie kann ein friedvolles Miteinander gelingen, indem wieder echte Werte wie Menschlichkeit, Respekt und Wertschätzung Raum haben? Wir sind alle auf der Reise. Unser Planet, unsere Völkergemeinschaft und unsere Gesellschaft stehen vor bahnbrechenden Veränderungen, davon bin ich überzeugt. Wir sind alle in der Pflicht, unseren Beitrag zu leisten und es liegt an uns, mit unserem Denken und Handeln die Welt ein kleines Stückchen besser zu machen.

Es ist entscheidend, was wir unsere Kinder über das Glück lehren. Es ist entscheidend, was wir ihnen über Mut und Vertrauen beibringen. Und es ist vor allem entscheidend, was wir ihnen vorleben. Jeder von uns ist ein Beispiel für andere. Ob das Glas halb voll oder halb leer ist, entscheidet dabei jeder selbst. Es ist alles eine Frage der inneren Einstellung. Es ist alles eine Frage der Perspektive. Wenn wir unser Leben als Geschenk begreifen, das uns herausfordert, damit wir wachsen können, dann schützt uns das vor der ewigen Opferrolle, die uns im Klagen lähmt und uns untätig unser Leben verpassen lässt.

Schaffen Sie Raum für die Freude und geben Sie Ihre Ängste an das Universum ab.

In jedem Augenblick aufs Neue.